XAVIER **CORNETTE DE SAINT CYR**

Petit traité de non-violence

À LA LUMIÈRE DU JAÏNISME

W0465008

« Je ne connais pas d'autre marques de supériorité que la bonté. »

Ludwig van Beethoven

CONCEPT
jouvence
ÉDITIONS

Dans la même collection aux éditions Jouvence

Transfert & Contre-transfert, Serge Tracy

Du même auteur

Sortir de l'anxiété, en collaboration avec Mona Poisson

Le Grand Cahier d'exercices des gens heureux, collectif

Petit cahier d'exercices pour découvrir ses talents cachés

J'ai des talents formidables !

Petit traité de sagesse bouddhiste à l'usage des occidentaux

Je suis perfectionniste, mais je me soigne !

Comment driver sa vie au bureau, en collaboration avec Catherine Leclercq (à paraître en août 2016)

Catalogue gratuit sur simple demande

Éditions Jouvence
France : BP 90107 – 74161 Saint-Julien-en-Genevois Cedex
Suisse : CP 227 - 1225 Chêne-Bourg (Genève)
Site internet : **www.editions-jouvence.com**
Mail : info@editions-jouvence.com

© Éditions Jouvence, 2016
ISBN 978-2-88911-714-7

Maquette et réalisation de couverture : Atelier Didier Thimonier
Mise en pages : Virginie Cauchy

Tous droits de reproduction, traduction et adaptation réservés pour tous pays.

SOMMAIRE

LES CONCEPTS JOUVENCE

« Concept : représentation mentale, générale et abstraite d'un objet ou d'une idée » selon la définition du Petit Robert.

C'est ainsi que Jouvence a baptisé cette nouvelle collection qui a pour ambition d'expliquer des « concepts » afin de vous **donner des repères** qui vous **aideront à l'action dans votre quotidien**.

Dans un monde où l'information est surabondante et incessante, il est souvent difficile de prendre du recul, de retourner justement au « concept » pour **retrouver du sens**, de se poser la question du « pourquoi ? », tellement nous sommes submergés par le « comment ? »

Notre objectif est donc de vous donner les bases pour ouvrir les yeux sur le monde, de vous poser les bonnes questions et d'y apporter des réponses, *vos* réponses, par une interrogation lucide pour porter un regard éclairé sur vous, sur vos relations, et sur le monde.

L'effort est mis sur la forme avec des icônes qui vous guident au long de votre lecture, mais aussi et surtout sur le fond avec des textes concis et structurés pour aller à l'essentiel avec des mises en évidence graphiques.

Nos livres se veulent brefs car, en parodiant Boileau : « ce qui se conçoit clairement s'énonce brièvement ! »

La philosophie définit et propose des concepts pour qu'ils nous aident à vivre en cohérence : nous posons les bonnes questions et sommes l'auteur des réponses que nous apportons. C'est pourquoi vous trouverez au fil des pages des interrogations, des interpellations. **Les réponses seront bien souvent en vous.**

Une remarquable entrée en matière !

Nous sommes heureux d'initier cette collection avec le très bel apport de Xavier Cornette de Saint Cyr : *Petit traité de non-violence, à la lumière du jaïnisme.*

La non-violence est certes d'actualité mais elle est aussi universelle, car **nous sommes « condamnés » à vivre en paix avec nous-mêmes, avec nos proches, avec les autres !** C'est la base de tout épanouissement. Et cette sensibilité spirituelle, le jaïnisme, qui date du Xe siècle avant notre ère, pose comme **règle absolue et impérative le respect de la Vie.**

Xavier Cornette de Saint Cyr a su extraire le « concept » de son environnement culturel et religieux pour lui rendre toute son actualité et sa force d'interrogation. La réponse étant toujours de votre ressort !

Ce premier livre remplit magnifiquement l'objectif de la collection : mettre en lumière le concept d'une pensée ancienne pour répondre à votre actualité et votre devenir !

Nous vous souhaitons une belle rencontre avec cette pensée étonnamment moderne : le jaïnisme.

Charlène Guinoiseau et Jacques Maire

LA RÈGLE DES 3

Comme dans tous les ouvrages de la collection « Concept Jouvence », nous allons aborder notre sujet en vous proposant 3 mots-clés, 3 citations et 3 conseils destinés à faciliter votre approche de la non-violence.

La non-violence en 3 mots :

VIE

PAIX

RESPECT

La non-violence en 3 citations

« Imagine le monde entier vivant en paix... »
John Lennon (1940-1980)

« Entre deux solutions,
opte toujours pour la plus généreuse. »
Jiddu Krishnamurti (1895-1986)

« La violence produit un épi de malheur
qui ne fournit qu'une moisson de larmes. »
Eschyle (525-456 av. J. C.)

Ce musicien anglais, ce philosophe indien et ce poète grec ont en commun d'avoir, comme tant d'autres, célébré la non-violence et dénoncé le mal que nous faisons à nous-mêmes et aux autres êtres de notre planète.

Pourquoi investir la triste obscurité de ce qui détruit alors que la joie de ce qui étincelle réside dans ce que l'on construit et qui s'épanouit ?

Ajoutons 3 conseils de l'auteur :

Prenons conscience que tout être vivant a le désir profond de vivre dans l'harmonie et sans souffrance. Exactement comme nous-mêmes.

Efforçons-nous d'être dans le respect de tout ce qui est vivant, autant par nos actes que par nos paroles ou nos pensées et d'y inclure de la bienveillance.

Que chacun ait à cœur d'apporter une contribution positive. Même infime, elle a toujours une immense importance.

Introduction

Pour vous, qu'est-ce que la non-violence ? Si vous deviez la définir là, tout de suite, que diriez-vous ? Si on vous demandait ce qu'il faut faire (ou ne pas faire) pour la pratiquer, que proposeriez-vous ?

Pour sûr, on ne se réveille pas un beau matin en se disant : « Voilà, maintenant, je suis un non-violent !». C'est davantage le résultat d'un cheminement, de réflexions, d'observations. Peu à peu, quelque chose frémit au fond de soi, comme une volonté d'œuvrer et d'agir plutôt que de se lamenter sur ce qui ne va pas. Comme une prise de conscience qui nous amène à ce questionnement : comment puis-je pratiquer la non-violence ? Dans quels domaines ?

« La violence engendre la violence », notait le dramaturge grec Eschyle. La violence, c'est une prise de pouvoir sur un ou plusieurs êtres vivants en utilisant la force (physique et/ou psychologique) afin de contraindre, de dominer, d'imposer une volonté ; elle est très pernicieuse car entraînant de la souffrance, des blessures et parfois la mort. En latin, le mot *vis* désigne la force, la vigueur, la puissance. Il a donné *violens* qui signifie « violent », « impétueux », « emporté ».

Pour Jean-Paul Sartre, « la violence n'est pas un moyen parmi d'autres d'atteindre la fin, mais le choix délibéré d'atteindre la fin par n'importe quel moyen ». De fait, l'adage « La fin justifie les moyens » est redoutable : une fin qui peut être juste autoriserait des moyens qui seraient injustes et donc la pervertiraient. La non-violence, c'est refuser de se servir de la violence comme d'un instrument ou d'un moyen pour obtenir ce que l'on désire. C'est se situer dans une attitude de respect des êtres vivants et leur reconnaître les mêmes droits qu'à soi-même, parmi lesquels, en premier lieu, le droit de vivre.

CITATION

« La non-violence sous sa forme active consiste en une bienveillance envers tout ce qui existe. »

Gandhi (1869-1948)

DÉFINITION

La non-violence

La non-violence, c'est d'abord la bienveillance : disposition favorable à autrui, volonté qui « veille à son bien » et à son bonheur. C'est aussi la bienfaisance : action destinée à procurer du bien, à « faire le bien ». Elle est autant passive (ne pas faire de mal) qu'active (faire du bien).

La non-violence se réfère à des normes morales distinguant le bien et le mal. A minima, elle se résumerait ainsi : ne fais pas à tout autre que toi quelque chose que tu considères comme négatif à ton égard, que ce soit en paroles, comportements ou pensées. C'est subjectif, certes, et nous allons donc approfondir ces aspects.

DOMAINES D'INTERVENTION

La non-violence a une visée large. Elle peut devenir une attitude politique rejetant l'emploi de la violence pour résoudre des rivalités. Elle a ainsi inspiré certaines formes d'antimilitarisme posant la question du recours systématique à la force militaire pour résoudre des conflits. Elle a engendré le pacifisme, prônant la paix (ou son rétablissement) et divers courants de pensée humaniste. De même, dans le domaine social, elle œuvre pour que soient le plus possible abolies les injustices et que l'intégrité des personnes soit préservée. Les religions, pour la quasi-totalité d'entre elles, militent également pour le pacifisme, même s'il leur arrive de susciter des motifs de persécutions et de guerres.

La non-violence inspire aussi les mouvements de développement personnel et constitue une donnée fondamentale de notre manière de vivre avec notre environnement. Elle représente donc à la fois une stratégie et une conviction éthique ou religieuse.

Beaucoup de penseurs, artistes, écrivains, scientifiques, hommes politiques, religieux et philosophes ont parlé de non-violence et de pacifisme et activement travaillé à leur développement. Que l'on songe seulement à Henry David Thoreau, Jean Jaurès, Romain Rolland, Stefan Zweig, Jean Giono, John Lennon, Albert Einstein, Albert Schweitzer, Léon Tolstoï, Martin Luther King, Mère Teresa, le 14e Dalaï Lama, Lanza Del Vasto et tant d'autres, célèbres ou pas. Gandhi a remis la non-violence au centre de tout, ce qui lui a valu d'être surnommé « Mahatma » par le poète indien Tagore – *mahātmā* signifie « grande âme » en hindi. Il s'est référé à la notion d'*ahimsā*, fil conducteur de ce livre : le terme signifie « non-violence » mais peut aussi être traduit par « respect de la vie ». Littéralement, c'est l'« action de ne causer aucun dommage », car *himsā* signifie « action de causer un dommage, une blessure », et le préfixe *a-* est privatif. Avec justesse, certains ont proposé l'équivalent « non-nuisance[1] ».

La non-violence est le cœur même d'une religion, le jaïnisme, résumé dans l'une de ses devises essentielles :

« *Ahimsā Paramo Dharma.* ». *Paramo* fait référence à ce qui est « le plus élevé », « utile », « suprême » et *dharma*, souvent traduit par « religion », signifie aussi « devoir ». Cette devise signifie donc « La non-violence est le devoir suprême ». Par conséquent, *ahimsā* ne peut pas être appliquée sélectivement mais doit l'être à chaque instant, en toute situation.

La non-violence pourrait aussi être abordée avec le taoïsme, le bouddhisme, le zoroastrisme, le christianisme ou les enseignements de la *Bhagavad-Gita*, entre autres. Le parti pris de l'envisager avec le jaïnisme tient à ce que peu de religions en ont poussé la réflexion aussi loin pour en dessiner chaque contour et en faire son essence même. Par exemple et étrangement, s'il est question, dans les Évangiles, d'amour, de paix ainsi que de justice et si l'idée de non-violence y est présente, l'expression n'est pas mentionnée.

La non-violence va donc être abordée au travers du jaïnisme et de son concept central d'*ahimsā*. Il n'existe pas, à ma connaissance, d'ouvrage l'envisageant sous cet angle. Or, on va découvrir combien, loin d'être désuet, ce concept a aujourd'hui une extraordinaire actualité et peut parfaitement se décliner dans notre quotidien, pour chacun d'entre nous, non comme une abstraction mais comme une réalité concrète. L'objectif n'est nullement de convertir mais que chacun y puise ce qui peut l'aider à mettre sa manière d'être en concordance avec ses convictions intimes.

Cette cohérence nécessaire est très justement illustrée par le philosophe et poète Aldo Capitini, que l'on surnomma « le Gandhi italien » : « La non-violence est une manière de faire qui découle d'une manière d'être. »

I.

LE JAÏNISME EN QUELQUES MOTS

Réformé en profondeur par *Mahāvīra*, un contemporain de Bouddha, le jaïnisme est une religion non théiste. Prônant la non-violence, elle est entièrement centrée sur le concept d'*ahimsā* : respecter tout être vivant et ne nuire à aucun d'entre eux.

« En opposant la haine à la haine,
on ne fait que la répandre,
en surface comme en profondeur. »

Gandhi

Homme politique et philosophe indien (1869 -1948)

1. Une religion des premiers temps

Peu connu en Occident, le jaïnisme serait la plus ancienne « religion-philosophie » du monde. Une datation précise est quasiment impossible ; pour certains, il remonterait même à l'époque préhistorique, son origine se perdant finalement dans la nuit des temps. Ce qui est sûr, c'est qu'il est antérieur au bouddhisme et à l'hindouisme. Très certainement apparu en Inde dès le Xe siècle avant notre ère grâce au Maître Rishabhanatha, c'est essentiellement au cours du VIe siècle av. J. C. (à la même époque que Bouddha) qu'il atteint la plénitude de son développement sous l'influence de Mahāvīra.

DATES CLÉS

Le jaïnisme :

antérieur au bouddhisme et à l'hindouisme, il apparaît en Inde dès le Xe siècle avant notre ère avec Rishabhanatha. Il se développe essentiellement au VIe siècle av. J. C. grâce à Mahāvīra.

C'est surtout Gandhi, en participant brillamment en 1893 au « Parlement des religions du monde » à Chicago, qui fait connaître au monde le jaïnisme.

C'est une très petite religion : environ 6 à 8 millions de fidèles dans le monde, ascètes et laïcs confondus, majoritairement en Inde – même si depuis le milieu du XXe siècle des communautés jaïns existent sur les cinq continents. Ses principes s'accordent cependant aux exigences politiques et financières du monde moderne.

DÉFINITION

***Jina* :**

personne devenue maîtresse d'elle-même, c'est-à-dire ayant vaincu toutes ses passions négatives. Un *jina* est un « vainqueur spirituel ».

C'est la religion des jinas. Littéralement, « jina » signifie « vainqueur ». Vainqueur de quoi ? Vainqueur de soi, de ses ennemis internes, de ses avidités, haines, colères, orgueils et autres désirs néfastes. Vainqueur spirituel, un *jina* n'est pas un esprit, une entité supérieure ou un dieu : il est un être humain comme il en existe des milliards mais il se distingue par la victoire qu'il a remportée sur ses passions mauvaises de manière à être définitivement libre de tout attachement et d'atteindre la connaissance infinie.

Comme il s'agit de vaincre diverses passions considérées comme négatives, chacun peut devenir un *jina*. Le bouddhisme a adopté cette vision : « Celui qui est maître de lui-même est plus grand que celui qui est le maître du monde », disait Bouddha, ce que le Dalaï Lama reprend ainsi : « On peut conquérir des milliers d'hommes dans une bataille mais celui qui se conquiert lui-même, lui seul est le plus noble des conquérants. »

2. Trouver la félicité

Grâce à cette victoire, il est alors possible de jouir dans un « au-delà » d'un bonheur et d'une félicité éternels. L'une des croyances jaïnistes est en effet la transmigration des âmes en ce monde[2], son passage en d'autres corps sous des formes diverses (humaines, animales ou végétales). Cela entraîne une servitude et une souffrance.

Le *jina* est celui qui se libère de ce fardeau.

Mais un point est essentiel : il s'en libère seul, grâce à ses propres efforts et sans l'intervention d'un ou plusieurs dieux. Il est responsable de son destin et c'est donc à lui de créer les causes de son bonheur. Il y parvient en suivant des règles de vie codifiées et en accomplissant des actions méritoires. Le jaïnisme est une religion non théiste : l'homme est ainsi responsable de ce qu'il est et de ce qu'il devient. « Deviens ce que tu es », disait Nietzsche.

Quand on atteint la connaissance suprême, on peut désirer montrer la voie de la délivrance à d'autres. On est alors un *tirthankara*, c'est-à-dire un guide, un « passeur de gué » (*tirtha*), afin d'aider les humains à traverser l'existence. C'est celui qui, connaissant le bon chemin, vient l'indiquer aux âmes pour traverser le *samsara* (le cycle des transmigrations) et atteindre le *moksa* (le fait de se libérer de ces cycles, donc le salut).

DÉFINITION

Tirthankara :

maître jaïn ayant atteint la connaissance suprême. Il devient un guide, un « passeur de gué » (*tirtha*), pour accompagner les humains dans la traversée de l'existence.

Le 24e et dernier *tirthankara* fut Mahāvīra. En tant que réformateur, il a fixé les points fondamentaux, vérités et lois du jaïnisme et ce, de manière définitive. Depuis lors, ils sont exposés et appliqués avec rigueur et une fidélité absolue à la parole du Maître.

3. Le respect de la vie

Les hindous vénèrent un dieu à l'origine du monde et ses multiples autres formes et manifestations, créant un immense panthéon de divinités. La religion hindouiste comporterait 33 ou 330 millions de dieux, manière d'exprimer qu'ils sont en nombre infini (ou plutôt indéfini !). Les jaïns, en revanche, ne vénèrent et ne reconnaissent aucun dieu créateur (même si certains vouent un culte à quelques divinités empruntées à l'hindouisme). Toutefois, les *tirthankara* prennent des formes divines et sont vénérés à ce titre.

Le jaïnisme croit en effet en l'existence de l'âme (à la différence du bouddhisme[3]) mais non en l'existence d'une entité divine (à la différence de l'hindouisme), ce qui signifie que l'âme, quand elle s'est libérée du cycle des réincarnations, reste individuelle. Elle ne rejoint pas ou ne se fond pas en un dieu – tout à l'opposé donc du grand mystique du Moyen Âge Maître Eckhart, pour qui l'âme, conformément à sa nature profonde, se doit de rejoindre Dieu et d'être Dieu.

Le jaïnisme est donc une religion humaine, créée et vécue par des hommes pour d'autres hommes. Même s'il existe de nombreux écrits sacrés, ce n'est pas non plus une « religion du Livre » : elle n'a pas été révélée ni inspirée ou créée par un dieu quelconque.

Comme pour le bouddhisme, voire le taoïsme, est-ce véritablement une religion ? Une philosophie ? Une tradition ? Une sagesse ? Une spiritualité ? Précisions que le mot « religion » se traduit en Inde par *dharma*, terme polysémique puisque, s'il désigne généralement le devoir, il peut aussi être définit par « foi », « religion », « vertu », « nature propre » ou même « bonne action ».

Au-delà du mot retenu visant davantage la qualification, l'essentiel réside dans le fond et dans ce que l'on accomplit. Envisageons le jaïnisme comme un chemin spirituel. Par commodité et parce que l'usage en est ancré, le mot « religion » sera retenu.

CITATION

«La religion de la non-violence n'est pas seulement pour les saints, elle est pour le commun des hommes. C'est la loi de notre espèce, comme la violence est la loi de la brute.»

Romain Rolland (1866-1944)

Le jaïnisme se divise en morale des laïcs, que chacun peut vivre, et en morale des ascètes, très rigoureuse et difficilement transposable dans un monde « moderne ». Entre les deux, c'est plus une question de degré que de nature. Tout le monde n'aspire pas à devenir ascète, mais chacun peut en expérimenter les principales données et les vivre. Dans une époque où, plus que jamais, la Paix est vitale pour l'Humanité, cette quête a toute sa pertinence. Son enseignement est essentiellement une éthique : respecter la vie sous toutes ses formes avec la non-violence comme devoir suprême. À l'instar du bouddhisme (mais aussi de l'hindouisme ou du sikhisme), le but de la vie est ici d'atteindre l'« illumination », terme que l'on peut traduire par « sérénité » ou « félicité », voire par « bonheur suprême », bien que cela soit un peu plus subtil. Mais ce n'est possible que si l'on a vécu dans le respect absolu du vivant, de tout le vivant.

La non-violence doit en effet s'exercer de manière absolue, directement et indirectement, envers toute créature. Il est même considéré que tous les êtres vivants ont la même âme, la même vie et le même désir de vivre ; il se trouve simplement qu'ils l'exercent dans des « conditionnements » différents. D'où l'interdépendance entre eux tous.

4. Mahāvīra, le « Grand Héros »

Né dans une famille royale, Mahāvīra a vécu entre 549 et 477 avant notre ère. Les dates demeurent incertaines ; celles mentionnées ici sont retenues par la plupart des historiens modernes. D'autres avancent 599 et 527 av. J. C. Mahāvīra est toutefois contemporain – bien que plus âgé semble-t-il d'une trentaine d'années – de Siddharta Gautama, le Bouddha historique. Il se dénommait Vardhamarma Jnatiputra et reçut plus tard l'appellation de Mahāvīra (« grand héros ») du fait de son courage et de son sang-froid en endurant des règles de pénitence extrêmes.

DATES CLÉS

Mahāvīra,
grand réformateur du jaïnisme, est contemporain de Bouddha. Il a vécu à la fin du VIe siècle avant notre ère.

Figure fondamentale du jaïnisme, Mahāvīra est parfois considéré comme son fondateur, ce qui est faux. Ce qui est vrai, en revanche, c'est que son existence historique est avérée et qu'il est connu pour avoir repris, développé et structuré les enseignements de Pârsva, son prédécesseur. Grand réformateur et organisateur de la communauté jaïn, il a donné au jaïnisme sa forme actuelle. Avec lui, une nouvelle page s'est écrite.

À titre d'exemple, les femmes avaient à l'époque védique un statut peu enviable (largement déconsidérées, interdites de pratiquer une religion). Mahāvīra ne fit aucune différence d'avec les hommes, quelque soit leur statut social, pour l'étude des textes sacrés, l'observation des règles de conduite, la pratique des vœux et la réalisation du cheminement spirituel. Beaucoup de femmes saisirent cette opportunité de modifier leur condition. Il y eut, autour de Mahāvīra, globalement 2,5 fois plus de femmes que d'hommes (globalement 36 000 nonnes et 358 000 laïques féminines pour 14 000 moines et 159 000 laïcs masculins).

Bouddha s'étant inspiré des enseignements de Mahāvīra, leurs parcours se ressemblent. Tous deux d'origine princière, ils épousent chacun une princesse[4], mènent une vie de luxe et de plaisirs puis, à l'âge de 30 ans, renoncent au monde et au pouvoir, quittent femme, enfants, palais et richesses pour vivre dans le détachement absolu en ascètes errant et méditant afin de poursuivre leur éveil spirituel. Période de plus de douze ans durant laquelle et à la différence de Bouddha, Mahāvīra endure de multiples violences (brimades des hommes, attaques d'animaux, difficultés innombrables).

Tous deux, après leur éveil, prêchent à travers l'Inde la compassion, la paix, le salut de l'être et s'élèvent contre certains aspects de la religion alors en vigueur (autorité des brahmanes, système des castes, importance des rituels, sacrifices d'animaux...). Ils ne se sont cependant jamais rencontrés. La différence, c'est que Bouddha a considéré que l'ascétisme était à terme inutile, préférant la voie du juste milieu, tandis que Mahāvīra a persévéré, l'estimant indispensable pour atteindre la perfection. L'ascétisme était très prisé dans certaines provinces de l'Inde de cette époque comme moyen d'accès à la Vérité. De multiples ordres ou sectes le pratiquaient, avec des variantes quant aux croyances et systèmes d'organisation.

Les austérités de Mahāvīra sont particulièrement rigoureuses : une discipline très stricte des activités du corps, de la parole et de la pensée doit faire disparaître les mauvais *karma* et éviter d'en générer de nouveaux. Elles prônent le jeûne, le contrôle des sens, la maîtrise totale (voire l'indifférence) des besoins du corps. En revanche, sont rejetées des pratiques alors usuelles mais considérées comme de la superstition (bains rituels, se recouvrir de cendres, vivre dans les arbres, exorcisme d'esprits mauvais, etc.).

Un point leur est commun : la tentation infligée par des démons ou des dieux malfaisants, voulant profiter d'un moment de faiblesse pour dominer l'âme et détourner du chemin spirituel. Mahāvīra eut à connaître cela plus d'une fois, notamment avec le dieu Sangamaka, tout comme Bouddha fut confronté à Mara, le dieu du Mal. Ce n'est pas sans rappeler la tentation de Jésus dans le désert par le Diable (Évangiles de Matthieu, Luc et Marc). Mais chacun, dans chaque cas, triomphe de ces épreuves.

Ayant atteint l'illumination et devenu omniscient, Mahāvīra enseigne à travers l'Inde pendant une trentaine d'années les principes de sa philosophie, dont le premier est la non-violence. Il meurt à l'âge de 72 ans.

Tous les ans, plusieurs événements de sa vie sont célébrés, notamment sa naissance lors de la fête « Mahavir Jayanti » : divers dons des fidèles sont alors recueillis pour secourir et nourrir les populations pauvres, comme cela se pratique dans d'autres religions. Particularité du jaïnisme dans son respect absolu de toute forme vivante : ces dons sont également utilisés pour d'autres missions de bienfaisance, comme soigner des animaux ou sauver des vaches de boucherie.

LE PETIT +

L'importance de Mahāvīra est telle en Inde que le président Pranab Kumar Mukherjee a déclaré lors de la célébration de « Mahavir Jayanti »en avril 2013 : « Que la vie et les nobles enseignements de Mahāvīra nous incitent à renoncer à la violence en pensées, en paroles et en actes et de toujours adhérer à la voie de la non-violence (*ahimsā*). »

5. L'âme et le karma

Il ne s'agit pas ici d'exposer la riche philosophie du jaïnisme. Arrêtons-nous cependant sur sa conception du *karma*, particulièrement importante.

En effet, très schématiquement, l'hindouisme et le bouddhisme tiennent le *karma* pour le résultat d'une part d'actions antérieures se manifestant dans notre vie présente, et d'autre part d'actions actuelles – qui peuvent être bénéfiques et permettent à l'âme individuelle de s'unir avec l'âme cosmique, ou négatives et déterminent alors les incarnations successives. La qualité de nos actions nous permet de n'avoir plus à renaître dans une existence nouvelle et d'entrer dans le *Nirvana*. Mais si on est condamné à renaître, ce seront alors nos œuvres (notre *karma*) qui détermineront les conditions heureuses ou malheureuses de notre nouvelle vie. Dans une vision populaire et générale, nous avons donc tout intérêt à bien agir dans cette vie afin que tout se passe au mieux dans nos futures réincarnations, ou même, félicité suprême, que nous ne nous réincarnions pas !

Pour le jaïnisme, le *karma* est différent. Il est en effet constitué de particules de matière si infimes qu'elles sont invisibles même au microscope mais occupant l'espace. C'est en quelque sorte la nature matérielle de l'univers. C'est une force réelle qui affecte l'âme et lui interdit de vivre ce qu'elle est vraiment, c'est-à-dire la perfection. En d'autres termes, l'âme est vouée à la perfection mais le *karma* l'empêche de l'atteindre. Le rôle du jaïn est donc d'œuvrer pour que cette perfection revienne.

Essentielles, ces particules déterminent pour chacun d'entre nous la vie et la mort, le bonheur et le malheur, la durée de l'existence, le statut social, etc. Depuis toujours, les âmes terrestres y sont asservies. Les vibrations de l'âme résultent de nos activités, qui, nous le rappelons, concernent la pensée, la parole et le corps ; le *karma* résulte donc aussi de ce que l'on pense et de ce que l'on dit, pas seulement de ce que l'on fait.

À RETENIR

L'âme est vouée à la perfection mais en est empêchée par le mauvais karma résultant de nos actions négatives en pensée, en paroles et en actes. L'essentiel est d'œuvrer pour que la perfection revienne.

Dès lors que l'âme vibre, ces particules environnantes de matière constituant le *karma* s'y fixent. Imaginons un objet graisseux : les grains de poussière s'y colleront. L'image n'est guère heureuse mais illustre bien cet asservissement.

Fixées sur l'âme, ces particules de *karma* sont en outre assimilées par elle, tout au long de la vie, même en cas de transmigrations. La meilleure preuve, c'est que si l'âme n'en était pas « encombrée », elle serait dans son état naturel de pureté. Nous vivrions dans un état de plénitude absolue ce qui, pour beaucoup d'entre nous, n'est pas tout à fait le cas !

Si vous prenez une infusion de plante, elle agit dans votre organisme. Ainsi, la menthe facilite votre digestion et la ciguë vous empoisonne. C'est donc que les principes actifs d'une plante agissent dans votre corps. De même, les éléments du *karma* agissent sur votre âme et peuvent soit l'élever et la déployer, soit l'obscurcir et la rabaisser.

Pour être vraiment précis, il faut en fait considérer que les éléments du *karma* sont négatifs. Tout l'enjeu consiste donc à enlever ceux qui sont présents et d'éviter que de nouveaux ne viennent se fixer sur l'âme.

6. Le divin en nous-mêmes

La matière karmique présente dans l'âme étant la cause des conditions particulières de notre vie terrestre, il importe de s'en libérer.

À RETENIR

Libérer son âme se fait d'une part en arrêtant de nouvelles pénétrations karmiques et d'autre part en éliminant les éléments karmiques actuellement actifs.

Libérer ainsi son âme pour lui redonner sa pleine perfection est non seulement en notre pouvoir mais c'est aussi notre devoir. Elle se dote alors de 4 qualités : perfection infinie, connaissance infinie, pouvoir infini et bonheur infini. Dans cette conception, le mot « Dieu » devient une autre manière de dénommer l'âme dans son état de perfection absolue. Bien qu'envisagé sous des modalités différentes, l'enseignement du Christ est très similaire quand il insiste sur la transformation interne de l'être pour saisir la transcendance.

BON À SAVOIR

L'importance de l'intériorité pour accéder au Bien a souvent été soulignée. Par exemple, l'empereur romain Marc Aurèle écrivait : « Creuse au-dedans de toi. Au-dedans de toi est la source du bien, et une source qui peut toujours jaillir, si tu creuses toujours. »

C'est ce qu'évoque une légende hindoue : il fut un temps où tous les hommes étaient des dieux. Ils en abusèrent tant que Brahma, le maître des dieux, leur ôta le pouvoir divin pour le cacher là où ils ne pourraient le retrouver. Le grand problème fut de trouver cette cachette.

Les dieux mineurs proposèrent ceci : « Enterrons la divinité de l'homme dans la terre. » Mais Brahma répondit : « Non, l'homme creusera et la trouvera ». Ils répliquèrent : « Dans ce cas, jetons la divinité au plus profond des océans. » Mais Brahma répondit à nouveau : « Non, l'homme explorera les profondeurs de tous les océans et un jour, il la trouvera et la remontera à la surface. »

Dépités, les dieux mineurs conclurent : « Nous ne savons pas où la cacher. Il ne semble pas exister sur terre ou dans la mer d'endroit que l'homme ne puisse atteindre un jour. » Alors Brahma dit : « Voici ce que nous ferons de la divinité de l'homme : nous la cacherons au plus profond de lui-même, car c'est le seul endroit où il ne pensera jamais à chercher. »

La légende conclut que, depuis lors, l'homme a fait le tour de la Terre, exploré, escaladé, plongé et creusé, à la recherche de quelque chose qui se trouve en lui. Au XIXe siècle, le yogi indien Lahiri Mahasaya le résume ainsi : « Dieu vit en vous. Au lieu de Le chercher au loin, cherchez-Le tout près, juste au-dedans de vous. »

Cette légende illustre bien ce point capital du jaïnisme : nous sommes seuls responsables de notre devenir. Nous ne pouvons pas avoir recours à une quelconque divinité car personne ne peut réaliser l'éradication de notre *karma* ; cela dépend entièrement et uniquement de nous, de nos efforts personnels ; c'est à rechercher dans notre intériorité. Notons au passage que l'intériorité, chère à saint Augustin ou à saint François d'Assise par exemple, est aussi la voie spirituelle proposée par Maître Eckhart. De son côté, le Dalaï Lama précise : « C'est dans son cœur qu'il faut construire la paix. »

BON À SAVOIR

Nous sommes seuls responsables de notre devenir. Ne soyons pas dans l'attente d'une aide extérieure car notre salut dépend entièrement et uniquement de nous, de nos efforts personnels.

L'homme prend ainsi la pleine responsabilité de ses actes et de son existence. Il n'y a pas de récompenses, châtiments ou jugements venant d'un Dieu. En revanche, il y a une loi de cause à effet : nos actes, nos pensées, nos paroles entraînent des conséquences, heureuses ou malheureuses, dont nous sommes les premiers responsables.

EXERCICE

Si le divin est caché en nous, quelle est pour vous la meilleure manière de le trouver ?

7. La voie du salut grâce aux « Trois Joyaux »

Comment l'homme peut-il délivrer son âme par ses efforts personnels sans aide extérieure ? En pratiquant les règles des « Trois Joyaux » (parfois dénommée « Triple Voie »), « méthode » fondamentale de la progression spirituelle. Ces trois voies sont la Vision juste, la Connaissance juste et la Conduite juste. Non séparées, elles agissent en interaction pour, ensemble, former une seule voie.

À RETENIR

En pratiquant les règles des « Trois Joyaux », nous réalisons notre progression spirituelle grâce à la Vision juste, à la Connaissance juste et à la Conduite juste.

La Conduite juste ne peut se faire que s'il y a Connaissance juste et cette dernière n'existe pas s'il n'y a pas de Vision juste (également appelée« Foi juste » ou « Croyance juste »). Pour reprendre la comparaison de Vilas Adinath Sangave[5], imaginons une échelle : Foi juste et Connaissance juste en sont les deux montants ; les étapes graduelles de la Conduite juste sont les échelons. On ne peut monter l'échelle que si les montants sont solides et si aucun barreau ne manque.

La Vision juste : consiste à être convaincu que les principes fondamentaux du jaïnisme sont justes afin d'ôter nos doutes et d'abolir nos 7 peurs : celle de la vie sur terre, de la vie suivante, de ne pas être protégé, de l'absence de contrôle, de la souffrance, d'un accident et de la mort. Il est en effet important de croire ce qu'ont dit les jinas car ce sont des êtres omniscients.

La Vision juste doit remplir 8 conditions essentielles – par exemple, l'absence d'envie(ne pas éprouver de désir ou d'attachement pour les jouissances du monde), l'absence de confusion (avoir des visions claires exemptes de perfidie, de trahison et de perversité) ou la stabilisation (respect et soutien de ceux qui croient mais aussi de ceux dont les convictions ne sont plus justes ou qui sont en recherche).

La Vision juste doit aussi s'abstraire de 3 sortes de croyances superstitieuses :

1. croyance à la fausse sainteté : pratiques considérées comme pieuses par certains hindous (par exemple : bain dans certaines rivières). On pourrait y ajouter nos gestes réputés porter chance ou nos croyances superstitieuses pour conjurer le mauvais sort ;
2. croyance en de faux dieux : croire aux pouvoirs de dieux ou déesses de village, tentatives de se les rendre favorables (par exemple : sacrifices), etc. ;
3. considération et confiance accordées à des ascètes douteux : croyance en leurs pouvoirs magiques et tentative d'en obtenir des avantages.

La Vision juste doit enfin éviter 8 sortes d'orgueil, toujours d'une brûlante actualité dans nos sociétés occidentales modernes : conserver de l'humilité et ne pas fausser ses relations aux autres en s'enorgueillissant de son savoir, de son culte, de sa famille, de sa classe, de son pouvoir ou de sa force, de sa richesse ainsi que de ses biens, de ses réalisations, de ses pénitences ou austérités religieuses et enfin de son corps, de sa beauté ou de son apparence. Constatons qu'en dépit des siècles écoulés, il n'y a aujourd'hui rien à enlever à ces principes…

La Connaissance juste : permettant de développer la Foi juste, elle « montre la nature des choses telle qu'elle est exactement ». Elle consiste à réaliser qu'il y a distinction entre le corps et l'âme et que c'est l'âme, non le corps, qui atteint la libération.

Pour reprendre les écrits de Kundakunda, moine jaïn du IIe siècle de notre ère, « la connaissance est ce qui aide à comprendre la vérité, contrôle la pensée et purifie l'âme. [...] Soyez toujours plongé dans la connaissance pure ; soyez toujours satisfait d'elle, soyez heureux avec elle ; vous aurez le bonheur suprême par elle ». Là encore, les actuels principes de sagesse ou de psychologie positive ne disent pas autre chose.

Ce qui pervertit totalement la Connaissance juste, c'est une croyance fausse. C'est pour cette raison que la Vision juste est si importante et précède la Connaissance juste.

La Conduite juste : essentielle pour parvenir au salut, elle doit être en harmonie avec les deux autres voies. À défaut, elle perd son caractère « juste ». Une image donnée par Kundakunda montre son importance : « Le résultat désiré est atteint lorsqu'il y a une harmonie entre Connaissance juste et Conduite juste, car un char ne roule pas avec une seule roue. C'est comme un estropié et un aveugle qui vont ensemble dans une forêt et qui s'arrangent pour atteindre la ville en s'aidant l'un l'autre. »

La Conduite juste, c'est vivre en respectant les règles suivantes : refuser toute violence envers les êtres vivants, se libérer de l'attachement, des attitudes et des pensées négatives. « L'équanimité, la tolérance, la pensée pure, l'affranchissement de l'attachement et de la haine, la Conduite (juste), la religion, la dévotion à son propre soi, tout cela est dit constituer une et même chose », écrit encore Kundakunda dans le *Samayasāra* (« la nature du Soi »).

À RETENIR

La Conduite juste implique qu'on ait un contrôle sain et correct des activités de la pensée, de la parole et du corps afin d'éviter l'attachement, la haine et tout ce qui pourrait causer une nuisance quelconque à quelqu'un.

PISTES DE RÉFLEXION

La non-violence résulte-t elle davantage d'abstentions ou d'actions ?

Si vous deviez la manifester, que feriez-vous dans votre famille, dans la rue, sur votre lieu de travail ? Et que ne feriez-vous pas ?
Considérez-vous qu'elle dépend surtout de vous, et pourquoi ? Ou des autres, et pourquoi ?

Quelle est la valeur que vous lui donneriez ? Par rapport à votre conception de l'existence et sur une échelle de 1 à 10, quelle place lui donneriez-vous ? Pour quelle(s) raison(s) ?

II.

LA NON-VIOLENCE COMME PRINCIPE PREMIER DU JAÏNISME

Le concept d'*ahimsā* définit le code moral du jaïnisme qui s'articule autour du « Quintuple Vœu » : s'abstenir de violence, de mensonge, de vol, de manque de chasteté et d'attachement. C'est ainsi que la non-violence devient une réalité que l'on peut mettre en application.

« L'ignorance mène à la peur,
la peur mène à la haine et la haine
conduit à la violence.
Voilà l'équation. »

Averroès

Médecin et philosophe arabe d'origine espagnole (1126-1198)

1. Le « Quintuple Vœu », fondement du code moral

Le Décalogue, contenant les 10 commandements rapportés par Moïse, énonce « Tu ne tueras point ». Ce commandement primordial n'arrive cependant qu'en 5e position, après l'obligation d'honorer son père et sa mère et avant l'interdiction de l'adultère. Si beaucoup de religions préconisent la non-violence, le jaïnisme est la seule qui fonde sur elle l'intégralité de sa philosophie et de sa morale. C'est son principe premier dans une vision extensive mais avec une application très stricte.

Albert Schweitzer rapporte un texte jaïn (*Ayâram Gassuta*) du IIIe ou IVe siècle avant notre ère, énonçant ce qui peut être considéré comme l'essentiel de cette religion : « Tous les saints et les vénérables du passé, du présent et de l'avenir, tous disent, annoncent, proclament et déclarent : on ne doit tuer, ni maltraiter, ni injurier, ni tourmenter, ni pourchasser aucune sorte d'être vivant, aucune espèce d'animal, ni aucun être d'aucune sorte. Voilà le pur, éternel et constant précepte de la religion proclamé par les sages qui comprennent le monde. »

La devise « *Ahimsā Paramo Dharma* » (« La non-violence est le devoir suprême ») signifie qu'*ahimsā* ne peut pas être appliquée de manière sélective : elle doit l'être tout le temps, dans tous les cas. Elle est la base de la Conduite juste.

BON À SAVOIR

Ahimsā

ne peut pas être appliquée de manière sélective : elle doit l'être tout le temps, dans tous les cas, avec tout être vivant.

Cette vision extensive se décline au travers de 5 vœux principaux, le « Quintuple Vœu », fondement du code moral, qui, s'ils ne sont pas respectés, constituent 5 fautes graves. Il s'agit de s'abstenir :

a) de violence (*ahimsā*) ;
b) de mensonge (*asatya*) ;
c) de vol (*asteya*) ;
d) de manque de chasteté (*abrahma*) ;
e) et d'attachement (*aparigraha*).

Pourquoi est-il grave de ne pas respecter ces 5 vœux ? Parce que, expose le Tattvartha Sutra[6], « les conséquences de la violence, de la tromperie, du vol, du manque de chasteté et de l'attachement sont la calamité et la honte dans ce monde et dans la naissance suivante ». Il ajoute que ces 5 fautes « doivent être regardées et méditées comme des causes de souffrance » (chap. VII, sutras 9 et 10).

À LA LOUPE

Le « Quintuple Vœu » est le fondement du code moral. Il demande de s'abstenir de violence, de mensonge, de vol, de manque de chasteté et d'attachement. Ne pas respecter ces abstentions constitue une faute grave ne pouvant générer que de la matière karmique négative.

L'essentiel repose sur *ahimsā*, le vœu majeur ; les autres fautes n'en sont que des extensions mais sont tout aussi condamnables. Voyons cela de plus près.

2. *Ahimsā*, vœu de non-violence

Toute violence, quelle qu'elle soit, à l'égard de tout ce qui est vivant, est à bannir. Et ce, en fonction de la trilogie des activités de l'esprit, de la parole et du corps : tout ce que nous faisons, disons et pensons doit être contrôlé. Par exemple, on doit veiller à ne blesser personne en parlant, éviter qu'un propos dégénère en querelle ou encore avoir une conduite ne choquant personne. Dès qu'une action pourrait nuire à autrui, elle est à bannir.

« Autrui » est à saisir dans son sens le plus extensif : non seulement les autres êtres humains mais aussi tout le monde animal – mammifères, oiseaux, poissons, reptiles, insectes, etc. S'y ajoute le monde végétal. « Toutes les créatures qui respirent, qui vivent, qui sont sensibles ne doivent ni être tuées ni traitées avec violence ni faire l'objet d'abus ou de tourments », dit Mahāvīra.

La violence peut également s'exercer à l'égard d'objets matériels. Par exemple, esquinter par manque de soin ou même détruire un objet dont on a la garde ou encore les voitures « traditionnellement » brulées le 31 décembre de chaque année.

La violence visée comprend enfin nos attachements et passions qui nous blessent d'abord nous-mêmes ; il y a donc une violence envers nous-mêmes et ce, même si aucune violence subséquente n'est causée à un autre être.

Les passions sont dénoncées car, sous leur empire, nous perdons le contrôle de notre esprit, de notre parole ou de notre corps. Nous risquons alors de ne plus pouvoir éprouver d'amour ou de compassion pour les autres êtres vivants et cela pollue notre âme d'un mauvais *karma*. La colère est ainsi l'une des manifestations de la passion pouvant entraîner de la violence.

CITATION

« Lorsque les flammes de la colère s'embrasent, nous avons tendance à nous en prendre à ceux qui ont arrosé nos graines de colère. C'est comme si l'on retrouvait sa maison en feu et qu'au lieu d'éteindre l'incendie, on se lançait à la poursuite des incendiaires. »

Thich Nhat Hanh (né en 1926)

À côté d'*ahimsā* existe la notion de *daya*, esprit de compassion envers tous les êtres vivants. Élément fondamental des enseignements du sikhisme, il figure également dans l'hindouisme et bien évidemment au cœur du bouddhisme. Pour le jaïnisme, la compassion dérive directement d'*ahimsā* : la non-violence inclut une dimension de bienveillance car le respect de la vie implique qu'on ait de la compassion pour les êtres vivants.

3. *Asatya*, vœu d'absence de mensonge

Le mensonge est violence car il porte atteinte à autrui. Il recouvre toutes les paroles qui causent du tort :

énoncé inexact, fausses allégations, faux témoignages, déformations de propos, etc. En un mot, tout ce qui est contraire à la vérité et, plus encore, tout ce qui blesse.

S'y ajoutent évidemment la création ou la diffusion de fausses doctrines ou de faux documents ainsi que la révélation de secrets et tout ce qui est calomnie, dénigrement, moquerie, médisance, etc. Cela fait songer à la beauté du 1er accord toltèque : « Que ta parole soit impeccable[7] » ou à ce proverbe tibétain : « La parole doit être vêtue comme une déesse et s'élever comme un oiseau. »

L'interdiction du mensonge doit nous inciter à réfléchir avant de parler pour ne pas blesser quelqu'un. C'est ce que préconisait l'empereur Marc Aurèle : « Si ce n'est pas convenable, ne le fais pas ; si ce n'est pas vrai, ne le dis pas. Que la décision provienne de toi. » C'est la responsabilité de chacun de maîtriser ce qu'il fait et dit, c'est le devoir de chacun que cela ne nuise pas.

Il s'agit, encore une fois, de conserver le contrôle des activités de son esprit, de sa parole tout autant que de son corps. En effet, on peut aussi mentir par un geste – par exemple en montrant sciemment ou par négligence une fausse direction à quelqu'un demandant son chemin.

4. *Asteya*, vœu d'abstention de vol

Le vol est violence puisqu'il cause un désagrément ou un dommage, parfois très important, à autrui. On ne doit prendre que ce que l'on nous a donné librement, non prendre ce qui n'est pas à soi, s'emparer de ce qui n'a pas été donné ou ne pas restituer ce qui a été prêté.

À LA LOUPE

Le vol, c'est prendre ce qui n'est pas à soi, s'emparer de ce qui n'a pas été donné ou ne pas restituer ce qui a été prêté. Il concerne ce qui est matériel (des objets) et immatériel (des idées). Il peut être direct ou indirect (selon que nous avons été complices d'un vol ou que nous avons indiqué comment le pratiquer).

Sont également des fautes graves le fait de donner des informations sur la manière de commettre un vol, d'accepter (ou de revendre) des choses dont on sait qu'elles ont été volées ou encore de vendre un objet, même non volé, mais à un prix que l'on sait manifestement excessif, car on prend à quelqu'un plus que la valeur réelle de l'objet. *Idem* si l'on vend un objet dont on sait qu'il est abîmé ou hors d'état de fonctionner ou ne correspondant pas à la description qui en est faite.

Si l'usage de certaines techniques déloyales (par exemple : l'utilisation de faux poids et mesures) constitue un vol, il faut toutefois mettre de côté des pratiques telles que le marchandage sur un marché ou des transactions légalement organisées comme une vente aux enchères publiques.

Le vol est doublement fautif : violence envers la personne volée et faute morale (et violence) envers soi-même, puisqu'on sait que l'on cause sciemment du tort à autrui. Si la plupart des systèmes juridiques ou religieux n'envisagent comme victime que la personne qui a été volée, le jaïnisme considère que le voleur est aussi victime car « chargeant » son âme d'un mauvais *karma*, il s'interdit l'accès à la libération de celle-ci et donc à son bonheur.

BON À SAVOIR

Le vol est doublement fautif : violence envers la personne volée mais aussi violence envers soi-même puisqu'on charge son âme d'un mauvais *karma*.

Enfin, au-delà des biens matériels, il y a le vol des idées d'autrui : faire passer pour sien ce qui résulte de la pensée et des efforts d'autrui. Cela se double également d'un mensonge (c'est une forme de tromperie). S'attribuer le mérite d'un autre, c'est du vol. Notons pour terminer que, si l'on est invité chez quelqu'un, abuser de son hospitalité en demeurant chez lui plus longuement que nécessaire s'apparente aussi à du vol !

5. *Abrahma*, vœu d'abstention du manque de pureté ou de chasteté

Les 5 observances de la chasteté du sutra 7 ont un charme un peu désuet : elles demandent de « renoncer à écouter des histoires qui excitent l'attachement aux femmes, à regarder les beaux corps des femmes, à se souvenir du plaisir sexuel passé, aux délicatesses qui stimulent le désir amoureux, et à l'ornement de son corps ». Il est amusant de constater que cela s'adresse surtout aux hommes, puisque sont condamnées les visites à caractère sexuel faites à des femmes mariées. Sont aussi visées les visites à des femmes non mariées mais immorales, c'est-à-dire des prostituées.

Ce n'est pas une surprise, toutes les religions reprenant cette antienne : est condamné le manque de continence et de chasteté. Il ne s'agit pas d'imposer l'abstinence sexuelle et de supprimer tout désir, ce qui ferait naître de la frustration ; il importe d'opérer un contrôle de son attention et de son énergie et de ne pas devenir un *sex addict*.

En outre, le risque est toujours présent de considérer l'autre comme uniquement destinée à satisfaire un plaisir personnel. En chosifiant autrui, nous ne le respectons plus et il y a de ce fait violence. Pour mieux le saisir, et comprendre qu'il ne faut pas voir là un puritanisme démodé, renversons simplement la proposition : comment nous sentirions-nous si autrui venait à nous pour assouvir un plaisir purement sexuel (sans se préoccuper du nôtre) et nous abandonnait aussitôt celui-ci satisfait ?

Proscrire le désir comme engendrant une souffrance, c'est dénoncer l'envie maladive, l'obsession, d'où la condamnation de la jouissance de « plaisirs impurs ». Il existe cependant une distinction entre ascètes et laïcs : célibat et chasteté absolue pour les premiers[8], pureté sexuelle et fidélité entre conjoints pour les autres. En effet, désirer son conjoint est tout à fait légitime et même souhaitable. Entre le « bon » et le « mauvais » désir, la différence est la même par exemple qu'entre « pudeur » et « pudibonderie » ou bien entre « sensibilité » et « sensiblerie » : l'un est sain, l'autre en devient une forme de caricature.

6. *Aparigraha*, vœu de non-attachement

Ce n'est pas la non-propriété absolue, idéal religieux de l'ascète mais non applicable, concrètement, à nous-mêmes. Il s'agit de la non-possessivité, du non-attachement aux choses du monde. Précisément, ce n'est pas ne rien posséder mais ne pas désirer plus que ce dont on a besoin, ni accumuler démesurément des choses, même « nécessaires ». Mais « nécessaires » à quoi ? À notre bien-être ? À notre existence ?

EXERCICE

Que vous inspire cette phrase de Jacques Salomé, « Nous vivons dans une culture où le superflu est devenu si nécessaire que nous sommes condamnés à toujours vivre dans le manque » ?

Ne sont pas condamnées les possessions terrestres mais l'avidité à l'égard de celles-ci. Sont ainsi dénoncées cupidité, avarice ou volonté d'attenter à l'intégrité (matérielle, mentale ou physique) d'une personne pour avoir encore plus.

Sont également visés (et cet aspect a toujours sa pertinence) l'émerveillement, l'envie ou la jalousie devant les possessions ou la richesse des autres ou, inversement, la satisfaction disproportionnée de ses propres richesses et le plaisir de les montrer à tous, de les « étaler » – ou, pire, de les utiliser pour asservir d'autres personnes. Une certaine quantité d'avoir par rapport aux autres peut donner une certaine quantité de pouvoir sur ces autres. C'est cela qui est proscrit. Notre société contemporaine en fournit hélas de nombreux exemples...

Sans interdire de posséder des biens, le jaïnisme demande que l'on se fixe une limite et qu'on ne la dépasse pas afin de tendre vers l'égalité économique en empêchant l'accumulation de richesses entre les mains de quelqu'un. Quand on possède ou gagne davantage que cette quantité limite, on se doit de redistribuer les biens en excès ou de pratiquer divers actes charitables : dons de médicaments et de nourriture, propagation de connaissances, et, pour les plus aisés, construction de dispensaires, d'hôpitaux, de temples, etc. – c'est-à-dire tout ce qui peut améliorer l'existence des affamés, des souffrants et des démunis. De fait, les jaïns riches, aujourd'hui, contribuent à l'entraide et au mieux-être de personnes moins favorisées.

Notons que, par fidélité au principe de responsabilité individuelle, chacun est ici considéré comme un adulte responsable et donc capable de fixer lui-même sa limite : aucune instance quelconque ne fournit de montants ou de pourcentages à ne pas dépasser ou à reverser.

Sont pris en considération aussi bien le désir de biens terrestres (attachement interne) que leur possession (attachement externe). Par extension, est également visé l'attachement excessif à une personne. En effet, la possessivité génère la jalousie qui elle-même attire la violence.

LE PETIT
+

Le non-attachement s'étend à toutes nos pensées, croyances et émotions qui nous encombrent et nous empêchent de vivre bien.

Enfin, en élargissant encore la notion, *aparigraha* peut être vu comme une demande de lâcher-prise : non-attachement à l'égard des pensées et des émotions qui nous encombrent et nous empêchent de vivre bien. On les accueille, on les ressent et on les laisse partir. Pour Mahāvīra, quand il n'y a plus d'attachement, il n'y a plus d'avidité : l'absence d'attachement supprime le désir. On n'en est plus l'esclave. Sans désir, il n'y a plus d'illusion et la souffrance dès lors est ôtée. On voit combien ce précepte a inspiré la pensée de Bouddha.

Supprimer ou limiter les possessions permet donc de se délivrer des tensions mentales, source de souffrances. Beaucoup de traditions reprennent cette notion. Ainsi, le christianisme condamne les possessions terrestres, non par principe et de manière absolue mais quand elles détournent l'être humain d'une relation respectueuse et apaisée avec autrui.

La *Bhagavad-Gita*, l'un des grands textes sacrés de l'hindouisme, reprend la même idée : « Celui qui n'est plus attiré par les plaisirs matériels, qui abandonne tous les désirs et n'en est plus esclave, qui a rejeté toute envie de possession et s'est dégagé de la tyrannie de l'ego, il parvient à la grande paix, à la sérénité » (chapitre II, verset 71).

PISTES DE RÉFLEXION

Parmi les 5 abstentions du jaïnisme, quelle est celle qui pour vous est la plus essentielle ? Quelles sont celles qui vous paraissent :

tout à fait vraies ?
discutables ?
irréalistes ?

Dans quoi trouvez-vous votre plus grand bonheur ?

Que vous inspire cette réflexion de l'abbé Pierre, « On n'est jamais heureux que dans le bonheur qu'on donne. Donner, c'est recevoir » ?

III.

L'UNIVERSALITÉ DE LA NON-VIOLENCE DANS LE JAÏNISME

Le jaïnisme définit et délimite avec précision ce qu'est la violence. Il en existe 4 formes, chacune pouvant se manifester de 3 manières. Il en résulte une devise et un emblème d'une très grande richesse symbolique.

« Il faut que toutes nos idées soient comme imprégnées d'enfance, c'est-à-dire de générosité pure et de sérénité. »

Jean Jaurès

Homme politique français (1859-1914)

1. Les 4 catégories de violences selon le jaïnisme

Pour mieux cerner les contours d'*ahimsā*, sachons qu'il existe selon le jaïnisme 4 catégories de violences : accidentelles, professionnelles, défensives et intentionnelles. Examinons-les.

À RETENIR

Le jaïnisme classe les violences en 4 catégories : accidentelles, professionnelles, défensives et intentionnelles.

a) Violence accidentelle :

celle que l'on ne peut éviter, que l'on ne peut pas s'empêcher de commettre.

L'exemple courant est celui des tâches domestiques : préparer un repas ou faire le ménage tue inévitablement des animaux que l'on n'a pas vus ou qu'on ne peut tolérer pour des raisons d'hygiène ou de sécurité. Il paraît difficile de ne pas réagir à une invasion de cafards ou de souris dans son logement, de ne pas traiter une charpente contre des insectes xylophages ou bien de ne pas consteller son pare-brise d'insectes lors d'un parcours en voiture.

Le film *Microcosmos* montrait cette vie minuscule grouillant tout autour de nous. Débroussailler un jardin ou simplement marcher entraînent inévitablement la mort de milliers d'animaux. La vie se nourrit de la mort ; il est impossible de faire différemment mais il n'y a là aucune intention mauvaise et la conséquence karmique négative est des plus minimes, voire inexistante.

b) Violence professionnelle :
c'est celle que l'on commet dans l'exercice de sa profession.

Pour les jaïns, des métiers sont non autorisés car causant par définition des dommages. Ainsi, le commerce des produits à base de viande (boucher, charcutier, traiteur, pêcheur...), le négoce de la soie, du cuir ou de pesticides, le travail dans un cirque, un abattoir ou un zoo, l'élevage en batterie ou les expérimentations scientifiques sur des animaux de laboratoire, etc. Même le métier d'élagueur est visé. S'il fallait dresser une liste exhaustive de tous les métiers dans lesquels une violence intervient, c'est quasiment toute l'activité économique qui devrait s'arrêter !Il faut donc aborder ce point avec plus de mesure.

Il y a là une analogie à faire avec la notion bouddhiste de *sammā-ājīva* (les « moyens d'existence justes[9] ») : gagner sa vie de façon honorable revient à exercer une activité qui ne soit pas nuisible.

Sont considérées comme non nuisibles les activités évitant la conception, la production et la commercialisation, directement ou pas, d'instruments pouvant entraîner mort, blessure ou mutilation. On songe aux armes et explosifs mais aussi au commerce des poisons et drogues diverses. Ajoutons-y toutes celles qui causent une atteinte à l'environnement ou qui entraînent de la souffrance.

Sans pouvoir dresser un panorama complet des métiers

que les jaïns devraient éviter, retenons que d'une manière générale, il s'agit de s'abstenir de tout ce qui aurait des conséquences négatives pour qui que ce soit et donc de choisir un travail qui ne nuise pas, délibérément, à d'autres êtres.

C'est l'intention qui importe. Par exemple, un chirurgien veut sauver un patient, mais hélas, ce dernier meurt au cours ou à la suite de l'opération ; le chirurgien n'est pas coupable de violences, et son âme n'est pas alourdie de mauvais *karma* : son intention était de faire le bien et non de nuire. Ou encore, vendre de la morphine n'est pas comparable selon que l'on est pharmacien ou dealer. En revanche, un escroc échouant dans sa tentative a bel et bien voulu causer du tort à d'autres personnes et son intention lui vaut un *karma* négatif. C'est l'intention première qu'il faut rechercher : est-elle bienveillante ou malveillante ? *Ahimsâ*, c'est refuser de vivre aux dépens d'autrui, de sa vie ou de ses biens.

À LA LOUPE

Il importe de s'attacher non pas au seul résultat d'une action mais aussi et surtout à l'intention qui la guide : est-elle bienveillante ou malveillante ?

À chacun donc de se déterminer selon sa conscience. De fait, et de par leurs vœux, les jaïns ne peuvent exercer certains métiers et c'est surtout dans les professions intellectuelles ou commerciales (principalement finance et enseignement) qu'on les retrouve. Cela explique qu'ils occupent souvent des fonctions dans les classes supérieures de la société.

EXERCICE

Considérez-vous que votre profession ou son exercice entraîne de la violence au sens où le jaïnisme l'entend ? Si oui, que faites-vous ?

c) Violence défensive ou protectrice :

violence que l'on ne peut pas éviter de commettre afin de défendre son intégrité ou celle d'une (ou plusieurs) personne(s) contre une (ou d'autres) personne(s) ou des animaux.

On y trouve l'autodéfense (se protéger soi) ou la défense d'êtres qui nous sont chers (conjoint, famille, etc.) mais aussi la puissance militaire ou policière (protéger les autres) dont l'action peut s'inscrire dans un devoir légitime : assurer la justice et la paix dans un groupe social.

Gandhi, l'apôtre de la non-violence, avait dit : « En opposant la haine à la haine, on ne fait que la répandre, en surface comme en profondeur. » Mais il avait également prononcé une phrase qui, dans sa bouche, a eu un poids considérable : « Là où il n'y a le choix qu'entre lâcheté et violence, je conseillerai la violence. »

Pour ne pas faire dire à Gandhi n'importe quoi, il est impératif de reconsidérer le contexte. En effet, cette phrase intervenait après cette déclaration : « Ma non-violence n'autorise pas à fuir le danger et à laisser sans protection ceux qui nous sont chers. ». Ce n'est donc pas la déclaration d'un va-t-en guerre assis sur ses principes d'honneur mais un propos s'inscrivant bien dans les principes de la violence défensive, lorsqu'elle est devenue inévitable pour assurer la défense de quelqu'un.

À certains égards, il serait absurde de vouloir vivre une non-violence absolue car elle ne peut être que relative, c'est-à-dire reliée à la réalité. Si un acte de non-violence dégénère en une violence plus grande que l'on pouvait empêcher, il devient effectivement absurde – par exemple, si je refuse de frapper une personne agressant violemment une autre personne.

La violence défensive n'implique pas nécessairement la mort de l'agresseur !Il s'agit de faire usage de sa force pour mettre quelqu'un hors d'état de nuire. Ainsi, certaines techniques des arts martiaux peuvent neutraliser une personne dangereuse sans pour autant lui occasionner de blessure. Dans un registre différent, la fameuse colère du Christ à l'encontre des marchands du Temple est également une violence défensive[10] : faire cesser la dégradation physique et spirituelle d'un lieu.

d) La violence intentionnelle :

la plus blâmable, faite en conscience, à dessein, en toute connaissance du mal qu'elle va occasionner.

Cela vise les atteintes à l'intégrité physique, depuis les coups jusqu'au meurtre, avec ou sans préméditation, en passant par le viol et toutes formes de mauvais traitements, de tortures et de souffrances – par exemple, la violence résultant d'un manque de soins à quelqu'un, le fait de l'affamer (ou de l'assoiffer) ou de l'astreindre à un travail excessif ou manifestement dangereux. De même pour les atteintes à l'intégrité psychique ou mentale (harcèlement, manipulation, chantage, etc.). Le monde animal est concerné comme les diverses pratiques de chasse ou de pêche (qui pourraient aussi faire partie de la violence professionnelle), l'organisation de combats d'animaux et tout ce qui crée une souffrance animale.

2. La condamnation jaïniste de toute violence

Dès lors qu'elle est délibérée, la violence est gravissime. Certes, les tribunaux peuvent trouver des circonstances atténuantes aux auteurs de violences mais c'est le terrain du droit et le jaïnisme se situe au niveau de la morale : on doit éviter ces 4 formes de violence. Voilà ce qu'est *ahimsā*. Toutefois, l'interdiction absolue ne concerne que les religieux : le laïc doit seulement s'abstenir de toute violence intentionnelle. Quant aux 3 autres formes, il doit faire le maximum pour les éviter, même si ce n'est pas toujours possible, notamment la violence accidentelle.

À LA LOUPE

Dans chaque catégorie et pour reprendre la trilogie, la violence peut être :

- mentale (éprouver du ressentiment, de la jalousie, de la haine et tout autre sentiment négatif) ;
- verbale (paroles blessantes, irrespectueuses, humiliantes, dégradantes…) ;
- ou physique (actes provoquant une douleur, une blessure, une infirmité, la mort ou la destruction du bien d'autrui).

Qu'on la commette directement ou qu'on ordonne à d'autres de l'accomplir (ou qu'on les y incite), toute violence est condamnable. Même condamnation si on autorise son accomplissement ou ne tente rien pour l'empêcher alors qu'on peut le faire. L'approbation silencieuse d'une violence équivaut à une violence. « Le monde est davantage menacé par ceux qui tolèrent le mal que par ceux qui s'emploient à le faire. » affirmait Einstein.

À RETENIR

Qu'elle soit commise directement ou pas, toute violence est condamnable. Idem pour son autorisation ou son approbation silencieuse ou une inaction coupable.

3. « La non-violence est le devoir suprême »

La non-violence est applicable à tout ce qui est vivant, donc également le monde végétal : abîmer une plante « pour le plaisir », abattre un arbre alors que ce n'est pas utile, mettre le feu à une forêt, déverser des produits toxiques en mer ou dans une rivière ou abandonner un sac en plastique dans la nature relèvent de la violence car nous portons atteinte au monde du vivant qui nous environne. Couper des fleurs pour en faire un bouquet, aussi joli soit-il, soulève le même problème.

Par extension, *ahimsā* implique le respect de la nature dans sa globalité, car nous sommes l'un des éléments de toute cette chaîne de vie, un maillon comme tant d'autres. « On ne doit ni tuer, ni commander, ni assujettir, ni faire souffrir, ni attaquer violemment aucune sorte d'être vivant » (*Acaranga-Sutra*, 1, 1, 1). Ne pas respecter l'un de ces éléments, c'est détruire l'Unité.

Rien ne justifie qu'un être humain s'arroge un droit supérieur au détriment d'autres êtres. Nous ne pouvons porter atteinte à la vie de quiconque car chacun a, comme nous, un désir de vivre et non de souffrir ou de mourir.

À LA LOUPE

Pour le jaïnisme, chaque être vivant, quel qu'il soit, est animé par un vouloir-vivre qu'aucun autre être n'est fondé à lui retirer. Chaque être vivant a le droit fondamental et inaliénable de voir son existence respectée.

Si nous estimons qu'aucun être n'a le droit de détruire notre existence, réciproquement et en toute logique, nous devons estimer que nous n'avons aucun droit à détruire l'existence d'un autre être. Par conséquent, si nous considérons que personne ne doit être violent à notre égard ni nous mentir, nous voler ou nous abuser, en vertu de quoi ferions-nous différemment à l'égard de quiconque ? Comme le dit le professeur Sagarmal, « être non violent, ce n'est rien d'autre que de traiter les autres êtres vivants comme nos égaux. La notion d'égalité est au centre de la théorie de la non-violence ».

Le droit fondamental de chaque être vivant, c'est le respect et la préservation de sa propre existence.

La devise « *AhimsāParamo Dharma* »peut dès lors se traduire ainsi : « Le respect de la vie est l'exigence ultime. ». Il est demandé une relation respectueuse et pacifiée entre tous les êtres vivants, sans distinction.

Si *ahimsā* exprime grammaticalement une négation, le concept n'en possède pas moins un contenu positif et est quelque chose d'actif. Nous avons vu que ne pas agir pour empêcher que soit commise une violence est une passivité condamnable. C'est autant un acte d'abstention qu'une résistance à la violence et au mal.

Volonté donc de ne faire souffrir aucune créature mais aussi sollicitude, aide, assistance, compassion, et ce envers toute forme de vie, sans exception. Le philosophe iranien Ramin Jahanbegloo l'exprime joliment : « Adhérer au principe d'*ahimsā*, c'est substituer au *himsā*, à la nuisance, une autre dynamique : le principe de l'amour. »

4. Le respect impérieux de tout ce qui vit

Quatre vertus importantes soutiennent le« Quintuple Vœu ». Il importe de les méditer et de les pratiquer. Ce sont quasiment les mêmes vertus dans l'hindouisme et le bouddhisme theravada avec les « Quatre Incommensurables » où sont exprimés le « souhait que les êtres trouvent la joie exempte de souffrance » et le « souhait que les êtres demeurent égaux et en paix quels que soient les événements, bons ou mauvais, qu'ils soient libres de partialité, d'attachement et d'aversion ». Précisément, il s'agit de :

a) *maitrî* :

bienveillance pour tous. Chaque être, chaque organisme mérite la même attention. Ainsi, certaines de nos pratiques sont inconcevables à des jaïns : usage de pesticides et autres insecticides, classement de certains animaux comme « nuisibles », corridas ou poissons rouges dans un bocal, etc. ;

b) *pramoda* :
joie que certains soient spirituellement plus avancés. Aucune jalousie de voir quelqu'un plus avancé que soi, au contraire, et se réjouir que certains aient parcouru un beau chemin, tout comme on se réjouit du succès de ceux que nous aimons ;

c) *kârunya* (ou *daya*) :
compassion pour ceux qui souffrent. Être préoccupé de savoir comment les aider implique une dynamique : leur porter secours, œuvrer à résoudre leurs souffrances et contribuer à leur bonheur ;

d) *mâdhyasthya* :
tolérance ou indifférence à l'égard de ceux qui sont discourtois ou se conduisent mal. Ce n'est pas laisser se commettre une violence sous prétexte que l'on n'est pas concerné mais par exemple, ne pas vouloir « trucider » celui qui nous aura empêché dans notre carrière ou notre conduite automobile ou ailleurs !

Avec ces quatre vertus, *ahimsā* implique une démarche active, bienveillante et positive et va plus loin qu'une simple abstention de violence. Non-violence et tolérance cheminent ensemble : elles sont des vecteurs de paix et n'est-ce pas ce que le monde actuel recherche assidûment ?

C'est là un outil indispensable et particulièrement solide pour parvenir à instaurer des relations pacifiques sur les plans individuel et collectif. Respect impérieux de tout ce qui vit, *ahimsā* pourrait être synthétisé par le précepte suivant : « Ne faites de mal et n'occasionnez de nuisance à aucun être vivant !»

EXERCICE

Citez au moins 5 actions concrètes qui vous paraissent nécessaires pour manifester sa bienveillance envers tout être vivant.

5. Une devise écologique

Tous les êtres vivants sont interdépendants, tous liés et reliés et formant une Unité. L'assistance mutuelle entre chacun eux est une nécessité mais également une évidence, toute vie étant interconnectée. Sinon, l'Unité se brise et chacun de ses éléments en pâtit, comme une chaîne se rompt si l'on détruit un ou plusieurs de ses maillons.

Cette philosophie est liée à une harmonie écologique et même, plus largement encore, s'insère dans une harmonie cosmique.

La contribution active à l'entraide mutuelle est une composante fondamentale, d'où une autre devise, tirée du *Tattvartha Sutra* : « *Parasparopagraho Jivanam* », c'est-à-dire « Tout être vivant dépend des autres et tous se doivent un mutuel respect, une mutuelle assistance ».

Elle se retrouve sur l'emblème officiel du jaïnisme, riche en symboles : la main, dans laquelle est inscrit « *ahimsā* », symbolise le réconfort moral et la compassion. Son but est de nous faire prendre conscience de nos actes.

© D.R.

La roue figurant sur la paume représente le cycle des réincarnations (le temps est considéré comme cyclique). Le mot *ahimsā* est au centre de la roue pour nous montrer que le moyen d'atteindre la libération et donc d'échapper à ces réincarnations successives, c'est la pratique de la non-violence.

Enfin, sous cette main est inscrit « *Parasparopagraho Jivanam* ».

Cet emblème symbolise la primauté accordée au respect de la vie.

L'un des apports majeurs du jaïnisme est d'avoir mis les gens en face de leur propre responsabilité. En leur enlevant l'idée d'une dépendance et d'une soumission au bon vouloir d'un dieu et en les aidant à se défaire des croyances superstitieuses et de l'influence des brahmanes, Mahāvīra a montré que tout dépend de ce qu'on accomplit. À partir de là, on devient maître de son destin et véritablement acteur de sa vie. C'est d'ailleurs ce que proposent certaines thérapies actuelles.

À RETENIR

La notion d'*ahimsā* possède une dimension passive (ne nuire à personne) et une dimension active (participer au bien-être de tous).

Cela a profondément bouleversé la vision que les gens avaient de leur existence. En outre, la forme (les aspects rituels de la religion) a été reléguée au second plan et l'accent a été mis sur le fond (la dimension éthique). C'est ce qu'exprime le Dalaï Lama quand il dit« Nul besoin de temples, nul besoin de philosophies compliquées. Notre cerveau et notre cœur sont nos temples » ou, d'une autre manière, John Lennon : « Avant de vouloir faire la révolution pour les autres, faites d'abord la révolution dans vos têtes. »

Mahāvīra énonce ainsi un principe que l'on retrouve dans la grande majorité des religions : ne pas causer à autrui le mal que l'on ne veut pas qu'il nous fasse et lui offrir le bien que l'on aimerait qu'il nous donne, « autrui » désignant n'importe quel être vivant sur terre.

Enfin, *ahimsā* implique que l'on ait une contribution positive et plus encore, de se réjouir du bonheur d'autrui. C'est là le sens profond de la devise « *Parasparopagraho Jivanam* », à la fois philosophie et mode d'être.

LE PETIT +

Il serait trompeur de réduire l'éthique du jaïnisme à un amour universel et viscéral porté à la nature humaine : elle repose davantage sur l'interdépendance des êtres vivants, de tous les êtres vivants, et implique le respect de chacun et l'assistance à chacun.

PISTES DE RÉFLEXION

Toute violence est condamnable. Peut-elle être cependant légitime si, en l'exerçant, on empêche que ne soient commises d'autres violences ?

Trouvez-vous légitime ou pas qu'en cas de prolifération de certains animaux, des chasses soient organisées afin de préserver la biodiversité ?

La non-violence peut-elle être sélective ou doit-elle s'appliquer à l'égard de tout être vivant et donc aussi du monde animal et du règne végétal ? Pour quelles raisons ?

IV.

LE JAÏNISME ET L'ALIMENTATION NON-VIOLENTE

La non-violence prescrite par le jaïnisme se retrouve dans les modes d'alimentation et dans notre rapport à ce qui nous environne. Il en résulte un respect de la vie animale et végétale, tant dans sa consommation que dans la manière de l'appréhender.

« S'abstenir de faire le mal,
cultiver le bien, purifier son esprit,
voici l'Enseignement des
bouddhas. »

Dhammapada

Texte du canon bouddhique (verset 183)

1. Le végétarisme et le respect animal

Par respect du principe de non-violence, les jaïns sont végétariens jusqu'à prendre en compte, dans leurs choix alimentaires, toute souffrance causée aux plantes ou au monde animal. Par exemple, ils ne consomment pas d'eau non filtrée (des animaux microscopiques pourraient s'y trouver) ou s'abstiennent de manger des végétaux poussant sous terre (des animaux et micro-organismes pourraient être blessés ou tués lors de l'arrachage). Dans le même esprit, cuir et fourrure sont évidemment prohibés.

BON À SAVOIR

Le végétarisme s'impose nécessairement aux jaïns ; il est la déclinaison logique et cohérente du principe de non-violence.

Le végétarisme (ou le végétalisme[11]) est logique. En effet, comment peut-on se dire non violent et respectueux du vivant tout en continuant à exploiter et à tuer des animaux ? Pour Gandhi, c'était une question d'éthique et de cohérence avec ses croyances.

Mais là aussi, dans nos sociétés occidentales, ne soyons pas plus jaïnistes que les jaïns !Être végétarien, totalement ou partiellement, voire végétalien serait déjà une excellente chose pour ne pas nuire aux animaux. Mais ne pas consommer de végétaux poussant sous terre – démarche compréhensible dans une optique jaïn – réduirait drastiquement notre consommation en condamnant les « légumes racines » : poireaux, carottes, radis, betteraves et autres pommes de terre !Être végétarien ne se résume pas à une vision restrictive : s'abstenir de consommer de la chair animale. C'est être à la fois vigilant quant à la composition de ce que l'on mange et attentif à ne commettre aucune nuisance pour se nourrir, se vêtir, se véhiculer, se distraire, se soigner, etc. Les animaux n'ont pas pour fonction de satisfaire nos expériences scientifiques ou nos loisirs dès lors que cela entraîne leur souffrance.

À LA LOUPE

Etre végétarien pour le jaïnisme n'est pas seulement s'abstenir de consommer de la chair animale mais également être vigilant à la composition de ce que l'on mange et être attentif à ne commettre aucune nuisance à tout être vivant pour se nourrir, se vêtir, se véhiculer, se distraire, se soigner, etc.

Au demeurant, la Bible mentionne le végétarisme au début de la Genèse : « Et Dieu dit : Voici, je vous donne toute herbe portant de la semence et qui est à la surface de toute la terre, et tout arbre ayant en lui du fruit d'arbre et portant de la semence : ce sera votre nourriture. Et à tout animal de la terre, à tout oiseau du ciel, et à tout ce qui se meut sur la terre, et qui est animé de vie, je donne toute la verdure des plantes pour nourriture » (Gn 1:29,30).

Cela se retrouve dans d'autres textes : « Il [Dieu] fait germer l'herbe pour le bétail, Et les plantes pour les besoins de l'homme » (Ps 104:14). Les religions abrahamiques (juive, chrétienne, musulmane) devraient peut-être se remémorer les paroles de la Genèse. La Bible, hélas, a aussi préconisé aux hommes de soumettre la Terre et dominer ses animaux (Gn 1:28) et il semble que cela seul ait été retenu…Le jaïnisme y ajoute le respect de la vie sous toutes ses formes.

On retrouve ce respect absolu avec par exemple ces ascètes portant sur le visage le *muhapatti* (masque de coton pour ne pas avaler d'insectes ou inhaler des créatures microscopiques) ou utilisant un petit balai pour éviter, en marchant, d'écraser une créature vivante, même infime.

Cela se manifeste aussi avec l'ouverture en Inde d'hôpitaux gratuits et même de sortes de maisons de retraite pour animaux. À Mumbai par exemple se trouve la Société pour la prévention de la cruauté contre les animaux (SCPA), ou à Delhi le Jaïn Birds Hospital, hôpital pour oiseaux. Récemment, en mars 2015, l'Inde a déclaré les dauphins « personnes non humaines » et a interdit leur captivité pour le divertissement du public. Mais s'agissant d'un pays aux contrastes violents, il serait totalement illusoire de croire que tous les animaux y sont bien traités et qu'aucun acte de maltraitance n'est exercé à leur encontre[12].

Soulignons également qu'Albert Schweitzer, très influencé par le jaïnisme, avait créé, près de son hôpital de Lambaréné, au Gabon, un hôpital-refuge pour les animaux.

2. Les « 3 M »

Un jaïn doit de plus s'abstenir de consommer les « 3 M » :

- **mâmsa** : la viande, car sa consommation entraîne la mort d'animaux ;
- **madya** : le vin, qui engendre l'ivresse et parfois la violence ;
- **et madhu** : le miel, qui est volé aux abeilles.

C'est là un exemple de l'alimentation non violente. Pour être en parfaire harmonie avec *ahimsā*, Mahāvīra avait rétablit la tradition végétarienne existant en Inde avant sa colonisation par les peuplades aryennes.

BON À SAVOIR

Un exemple de l'alimentation non violente : l'abstention pour un jaïn de consommer de la viande, du vin et du miel.

Cependant, il est délicat, dans notre société, de respecter intégralement les « 3 M ». On comprend qu'il importe de s'abstenir d'aliments obtenus au prix d'une souffrance animale. Pour le vin, c'est moins compréhensible. Certaines religions le condamnent en tant que vecteur d'ivresse, mais il ne l'apporte que si on en abuse et ... on n'est pas obligé d'en abuser !De nouveau, peut-on se comporter en adulte responsable ou faut-il considérer que tout homme doit être soumis à un impératif extérieur ? Quant au miel, certes il est volé aux abeilles, mais un apiculteur responsable récolte le surplus produit par la colonie et laisse aux abeilles des réserves suffisantes.

LE PETIT +

« Dans leur utilisation des ressources, les jaïns de la terre se sont inspirés de l'abeille qui suce le miel dans les fleurs d'un arbre sans le blesser et en le renforçant » (Déclaration jaïne sur la nature, 1992).

Adopter une alimentation végétarienne est une chose, l'imposer en est une autre. C'est le problème de l'attitude de certains végans très agressifs envers ceux ne partageant pas leur point de vue et générant, parfois et en réaction, les comportements qu'ils dénoncent. Proposer et donner envie, oui, mais exiger ou obliger, non.

Plus généralement, il y a une discordance quand on use de violence pour faire respecter la non-violence. Face à ce paradoxe, il méditons alors cette phrase de Stefan Zweig : « Même la plus pure vérité, quand on l'impose par la violence, devient un péché contre l'esprit. »

EXERCICE

Considérez-vous qu'il y a des situations où la non-violence peut s'imposer par la force (tout comme certains préconisent l'intolérance avec ceux qui sont intolérants) ?

La non-violence doit être un jaillissement du cœur. Si elle est contrainte permanente, elle risque de ne pas perdurer (sauf à redouter des foudres célestes, mais serait-ce alors une spiritualité accomplie ?).

3. Les étapes de la progression spirituelle

Pour progresser spirituellement, un jaïn doit franchir successivement 11 étapes, graduellement, à son rythme, difficultés et austérités ne faisant que croître. La nourriture y occupe une grande place. En effet, la 4e étape consiste à jeûner deux fois par quinzaine de chaque mois lunaire, période durant laquelle il faut étudier les textes sacrés, prier et méditer.

À LA LOUPE

La progression spirituelle pour un jaïn se fait en franchissant successivement 11 étapes, chacune plus difficile et austère que la précédente. Dans le strict respect des êtres, elle se fait graduellement, selon son propre rythme. Il n'existe aucune instance supérieure pour en contrôler l'évolution.

Lors de la 5e étape, le jaïn doit s'abstenir de certains aliments. Pour ne tuer aucun être, même infime, il ne faut pas consommer d'aliments crus ou insuffisamment cuits, boire de l'eau non bouillie, cueillir des fruits d'un arbre (il faut attendre qu'ils tombent), etc. Là encore, l'objectif de l'ouvrage n'est pas de convertir au jaïnisme et d'aller « aussi loin ». Cette étape est citée à titre d'information et non pour s'imposer dans notre contexte de culture occidentale.

La 6e étape, c'est la privation de nourriture ou de boisson après le coucher du soleil. Cela peut paraître étrange mais l'idée est d'éviter, à cause du manque ou d'absence de lumière, de risquer en se nourrissant de blesser ou de tuer un animal quelconque. Depuis l'invention de l'électricité (et là où elle est utilisée) cette étape perd de sa pertinence !

BON À SAVOIR

L'alimentation et la non-violence sont étroitement liées, le végétarisme étant un moyen parmi d'autres de pratiquer la non-violence. Il serait cependant erroné de réduire le jaïnisme à un végétarisme religieux.

Ce qui est à retenir, c'est ce respect impérieux du vivant. Ne réduisons cependant pas cette philosophie à un végétarisme religieux. La députée et ministre Maneka Gandhi, belle-fille d'Indira Gandhi, déclara d'ailleurs : « Je ne crois pas que l'idéal du végétarisme se limite à ne pas manger de la viande. Tous les chemins obscurs par lesquels les jaïns sont amenés à être impliqués dans la consommation de l'animal (chaussures de cuir, ceintures de cuir, dentifrices produits en utilisant des animaux, tablettes de vitamines) doivent être abandonnés si les jaïns veulent être de vrais végétariens. D'ailleurs, je ne pense pas que suivre l'*ahimsā* signifie seulement être végétarien, mais beaucoup plus. *Ahimsā* ne signifie pas "vivre et laisser vivre", mais "vivre et aider à vivre". En effet, aller de l'avant en aidant les animaux est une expression beaucoup plus positive de l'*ahimsā.* »

Pratiquer la non-violence, cela demande pour chacun d'entre nous une prise de conscience. Léon Tolstoï considérait avec justesse qu'il faut procéder par étapes et faire des choix. Le végétarisme est l'une de ces étapes et l'un de ces choix.

Enfin, pour en saisir encore mieux l'étendue, voici un extrait particulièrement significatif de l'*Iryavahi Sutraest*, une prière demandant le pardon de toute créature vivante. : « Je tiens à confesser mes actes coupables commis pendant la marche […]. Je cherche le pardon de tous les êtres vivants que j'ai pu torturer en marchant, en allant et venant, en mettant le pied sur un quelconque organisme vivant – des graines, l'herbe verte, des gouttes de rosée, des fourmilières, la mousse, l'eau vivante, la terre vivante, la toile d'araignée et d'autres créatures. Je cherche le pardon de tous ces êtres vivants »

4. Le rapport au monde végétal et au monde animal

Mahāvīra, écologiste avant l'heure, déclarait : « Celui qui néglige ou déprécie l'existence de la terre, de l'air, du feu, de l'eau et de la végétation, déprécie sa propre existence qui est liée avec ces derniers. ». C'est reconnaitre la profonde symbiose et la dépendance mutuelle de tous les éléments constituant la vie. On retrouve cette notion dans d'autres traditions, comme le taoïsme.

Des siècles plus tard, Théodore Monod écrivait : « Nous devons apprendre à respecter la vie sous toutes ses formes : il ne faut détruire sans raison aucune de ces herbes, aucune de ces fleurs, aucun de ces animaux qui sont tous, eux aussi, des créatures de Dieu. »

Que l'on considère ou pas que tous les êtres, humains ou non humains, dépendent de Dieu, ils ont en commun un droit à l'existence et au respect absolu de celle-ci.

De fait, les jaïns sont hostiles à tout ce qui dégrade la Terre (énergie nucléaire, pollutions diverses, destruction des milieux naturels, utilisation abusive des ressources, ...) d'où la rédaction en 1992 d'un manifeste environnementaliste, la « Déclaration jaïn sur la nature », remise au prince Philip, époux de la reine d'Angleterre et alors président du Fonds mondial pour la nature (WWF).

HISTOIRE

En 1992 fut rédigé un manifeste environnementaliste, la « Déclaration jaïne sur la nature ». Remis au prince Philip, il contenait cette belle formule : « La vie est vue comme un don de l'unité, une demeure et une aide dans un univers peuplé d'éléments interdépendants. »

Peu de pays ou d'individus, même se disant altruistes, accordent vraiment de l'attention aux animaux, sauf à ceux dits « de compagnie ». Gandhi déclarait d'ailleurs : « On peut juger de la grandeur d'une nation par la façon dont les animaux y sont traités ». Or, dans l'optique d'*ahimsā*, certains comportements sont inenvisageables. Ainsi de la chasse ou de la pêche avec filets dérivants ou encore de l'enfermement dans des zoos.

Nous pourrions poursuivre avec le dépeçage d'animaux vivants, les insoutenables mises à mort de beaucoup d'abattoirs, etc. La liste des méfaits est interminable ; ces usages sont une hérésie si l'on prône la non-violence, ce que souligne Matthieu Ricard[13] : « Nous tuons chaque année 60 milliards d'animaux terrestres et 1 000 milliards d'animaux marins pour notre consommation. »

CITATION

Le chanteur Paul McCartney, lui-même végétarien,
a déclaré avec beaucoup de pertinence :
*« Si les abattoirs avaient des murs en verre,
tout le monde serait végétarien... »*

Au vu de ces barbaries, on peut s'interroger : ces êtres vivants, avec leur sensibilité, peut-on leur infliger autant de souffrances et de tortures ? Et pourquoi ? Quelle idée un animal a-t-il alors d'un être humain dit « civilisé » ? Essayons, juste un instant, de nous mettre dans « la peau » de cet animal : que ressentons-nous ? Chacun fait siennes ces questions et y apporte les réponses qu'il veut ; elles méritent d'être posées, en conscience[14].

Que faire ? À titre individuel, on ne peut lutter seul contre les groupes qui exploitent ainsi le monde animal. Là aussi, à chacun sa propre réponse : on peut signer des pétitions, adhérer à des associations – PMAF (Protection mondiale des animaux de ferme), Animal Destiny, Sentience et d'autres encore.

On peut aussi adopter un régime totalement ou semi-végétarien ou ne plus consommer d'aliments dont on connait les souffrances qui en sont à l'origine. Par exemple le foie gras, avec son « supplice de l'entonnoir », ces « plats » produits à base de poussins dépecés vivants, etc.

Remarquons que l'État de Californie avait voté en 2004 une loi demandant de trouver une alternative au gavage et depuis juillet 2012, interdit la vente du foie gras français. Idem en Inde, depuis juillet 2014, pour cause de cruauté. En avril 2015, le ministre de l'Agriculture allemand décide l'interdiction du broyage des poussins vivants d'ici à 2017. Ces quelques exemples montrent que des initiatives de respect du vivant peuvent être prises.

CITATION

« Si vous voulez convaincre un homme
qu'il agit mal, agissez bien.
Mais ne vous souciez pas de le convaincre.
Les hommes croient ce qu'ils voient.
Alors, donnez-leur à voir ! »
Henry David Thoreau (1817-1862)

Attention : mon propos n'est pas ici de dégoûter de tout !Il est juste de rappeler que l'alimentation non violente découle du principe que toute créature sur terre mérite de vivre décemment et d'être respectée. Il est juste d'inciter chacun à se renseigner sur les pratiques de l'industrie agroalimentaire, de savoir ce qui s'y trame (sans se réfugier derrière « Je ne savais pas ») et de se demander : « Indépendamment de mes préférences culinaires et gustatives, cela correspond-il à mes convictions et à mes valeurs ? »... puis d'agir en cohérence.

PISTES DE RÉFLEXION

Que pensez-vous de l'utilisation des animaux aux fins de divertissement (zoos, cirques, corridas, chasses, etc.) ? Est-ce en cohérence avec *ahimsā* ?

Pour quelles raisons avez-vous fait ou feriez-vous le choix du végétarisme ? Ou pour quelles raisons ne le faites-vous pas ou ne le feriez-vous pas ?

Connaissez-vous dans le détail les conditions de vie des animaux destinés à l'alimentation ? Qu'en pensez-vous ?

Si vous étiez, un instant, un animal de cirque, de zoo ou d'élevage, que ressentiriez-vous ?

V.

UNE CULTURE DE LA NON-VIOLENCE

Plutôt que de fustiger la violence tout autour de nous, nous pouvons œuvrer pour que prospère la non-violence. Celle-ci peut se décliner par des actes simples mais indispensables, dans notre quotidien, concrètement et à chaque instant et donner ainsi à chacun d'entre nous la possibilité d'être des ambassadeurs de la Paix.

« Ce n'est pas la violence,
mais le bien qui supprime le mal. »

Léon Tolstoï

Écrivain russe (1828-1910)

1. La non-violence mise à mal

La violence est hélas présente dans l'existence humaine depuis si longtemps... Une culture appropriée a-t-elle les moyens d'amoindrir puis d'éradiquer les réflexes antisociaux sans pour autant recourir systématiquement à une force (une violence) plus grande encore ? Peut-on guérir des instincts primitifs et leur substituer une conscience éclairée ?

À LA LOUPE

Aucune croyance, aucun idéal, fût-il politique ou religieux, ne peut justifier l'emploi de quelque violence que ce soit. Sébastien Castellion (théologien protestant français, 1515-1563) l'affirmait avec force : « Tuer un homme, ce n'est pas défendre une doctrine, c'est tuer un homme. ». Une barbarie reste une barbarie, quel que soit l'habit dont elle se pare ou l'« excuse » qu'elle invoque.

L'histoire des nations est présentée essentiellement sous l'angle de leurs batailles et victoires (toujours légitimées, d'ailleurs !). Nous ne pouvons que constater que nos sociétés ont intégré une culture de la violence. Tout programme de télévision suffit à le prouver !Quant aux « informations », elles distillent *ad nauseam* conflits et injustices multiples, malversations, meurtres, guerres, actes terroristes, catastrophes écologiques, etc

Même l'éducation a usé de châtiments corporels et la violence est souvent légitimée comme une méthode nécessaire, à la fois éducative et pédagogique. Et cependant, Martin Luther (théologien et réformateur allemand, 1483-1546) nous avait mis en garde : « Ce qui ne peut s'enseigner que par des coups et au prix de la violence ne portera que de mauvais fruits. »

On peut s'interroger : d'où l'espèce humaine tient-elle cette capacité à surclasser toute autre dans l'expression de la cruauté et de la perversité ? Pourquoi violence et sadisme agissent-ils comme un aimant, tant pour la « brute épaisse » à demi décérébrée que pour des esprits particulièrement brillants dans cette « intelligence du mal » ? Pourquoi un besoin de domination si puissant et une telle brutalité pour asservir les êtres humains, les animaux et la nature tout entière ?

Cet ouvrage n'a pas pour objet de répondre à ces questions mais elles sont primordiales et nous ne pouvons les balayer en disant : « C'est comme ça, on n'y peut rien. ». Toutefois, il est évident que si l'on a pour idéal de « sauver l'humanité » ou que chacun des 7 milliards d'habitants de la planète devienne un être de Lumière et d'Amour, désolé de le dire ainsi, mais c'est peine perdue !

Il n'est pas question d'être un sauveur mondial : c'est un idéal abstrait et irréalisable. En revanche, être une personne agissant à la hauteur de ses propres moyens, voilà un idéal concret et accessible.

La non-violence n'est pas une dissertation angélique sur les injustices : elle est une action tangible. Romain Rolland disait « Un héros, c'est celui qui fait ce qu'il peut ». C'est de cette manière que chacun peut être un héros et le monde, heureusement, abrite des myriades de ces héros – anonymes sans doute, mais héros quand même. La célébrité, c'est complètement différent et totalement anecdotique.

BON À SAVOIR

L'Assemblée générale de l'ONU du 15 juin 2007 a instauré la Journée internationale de la non-violence. Elle est célébrée le 2 octobre, jour anniversaire de la naissance du Mahatma Gandhi, pour « diffuser le message de la non-violence notamment par des actions d'éducation et de sensibilisation ». Son souhait est de « favoriser une culture de paix, de tolérance, de compréhension et de non-violence ».

Régulièrement, on voudrait que les choses changent, que les gens soient moins égoïstes, plus tolérants et respectueux, que les conflits cessent, que ceci ou cela et…on attend !On se plaint et on regrette (ou on se désespère) que les choses ne soient pas différentes de ce qu'elles sont ou que d'autres ne fassent pas ce que nous pourrions faire. Écoutons Lanza Del Vasto qui nous exhortait : « Tu veux un monde meilleur, plus fraternel ? Eh bien, commence à le faire !Fais-le en toi et autour de toi, fais-le en petit et il grandira. »

EXERCICE

Trouvez 5 actions concrètes qui vous paraissent indispensables pour faire régner l'harmonie dans votre vie personnelle et dans votre vie professionnelle.

2. Une petite voie qui peut grandir

Au-delà des idéaux irréalistes, chacun peut agir quotidiennement et contribuer à l'édification d'une culture de la non-violence. Pourquoi vouloir que les choses changent autour de soi alors que c'est en soi que le changement doit se faire ? C'est le sens de la célèbre parole de Gandhi « Soyez le changement que vous voulez voir dans le monde » ou de la formule lapidaire mais délicieusement juste de Mère Teresa : « Que pouvez-vous faire pour promouvoir la paix dans le monde ? Rentrez chez vous et aimez votre famille !»

À RETENIR

Chaque être humain a une disposition à la violence et une inclination à la non-violence. À tout instant, ce qu'il décide résulte d'un choix. C'est sa responsabilité de donner libre cours à sa part d'ombre ou de faire flamboyer sa part de lumière.

Si, dans le même temps, l'être humain a une disposition à la violence et une inclination à la non-violence, comme une part d'ombre et une part de lumière, l'enjeu est de savoir quelle part de lui-même il décide de cultiver, individuellement et collectivement. Ce qu'il décide résulte d'un choix qui se fait à tout instant. C'est sa responsabilité. Et cet être humain qui fait ce choix, c'est vous, c'est moi, c'est chacun d'entre nous.

C'est là que peuvent se joindre utilement deux approches complémentaires : d'une part ce qui est sous-tendu par *ahimsā*, cette conception fondant une philosophie de vie, un axe de réflexion et d'explication à partir duquel des pensées, des paroles et des actions peuvent être posées. D'autre part, la « morale du colibri » telle que Pierre Rabhi l'a illustrée[15] : comme cet oiseau minuscule qu'est le colibri, et même si l'on se croit une partie insignifiante du système, chacun d'entre nous peut apporter sa propre contribution.

Même infime, cette contribution possède son inestimable grandeur. Imaginez : vous êtes dans un jour de détresse et une personne vous offre une parole de réconfort. Objectivement, matériellement, extérieurement, ce ne sont que des mots qui ont été prononcés. Rien d'autre. Mais subjectivement, personnellement, émotionnellement, c'est un cadeau magique qui vous est donné. Comme un voile de bienveillance qui vous enveloppe. Thich Nhat Hanh a évoqué le rôle essentiel de cette écoute : « Il est très important de savoir écouter avec compassion. Écouter avec compassion, c'est écouter avec la volonté de soulager l'autre de sa souffrance, sans le juger ni chercher la dispute. »

On peut voir les horreurs du monde comme une fatalité et s'en lamenter. On peut aussi y opposer sa contribution personnelle de non-violence comme marque de sa responsabilité et témoignage de son humanité.

Evidemment, cela n'éradiquera pas toute violence et ce n'est d'ailleurs pas le but (sinon, on repart dans l'idéal inaccessible). En revanche, on peut agir ainsi pour un monde plus vivable. C'est la recommandation de Confucius : « Qui veut déplacer une montagne commence par déplacer de petites pierres. »

Nous pouvons considérer qu'adresser un sourire à quelqu'un, l'écouter quand il se confie, respecter un contrat ou s'abstenir de brutaliser un animal, c'est négligeable eu égard à la souffrance planétaire et aux grands cataclysmes mondiaux. Mais si ces actes n'existaient pas, ce serait pire encore !S'ils paraissent insignifiants par rapport à la planète, changeons alors de système de référence. Comprenons qu'ils sont particulièrement signifiants pour celui qui les reçoit. Revenons à Mère Teresa : « Nous avons le sentiment que ce que nous faisons n'est qu'une goutte d'eau dans l'océan. Mais cet océan ne serait pas ce qu'il est sans cette goutte d'eau. »

BON À SAVOIR

L'importance du sourire avait été joliment soulignée, et avec humour, par l'abbé Pierre : « Un sourire coûte moins cher que l'électricité, mais donne autant de lumière. »

Pour instaurer une culture de la non-violence, il faut un premier pas. Et ce pas, c'est à chacun d'entre nous de le faire. Même petit, il est nécessaire et a du sens. Le colibri n'a pas attendu qu'on lui demande d'agir ; il a de lui-même, à sa propre mesure, apporté sa contribution positive. « Personne n'a la responsabilité de tout faire, mais chacun doit accomplir quelque chose », précisait Henry David Thoreau.

3. La bienveillance comme force

« La force de la douceur opposée à la faiblesse de la violence... » Ils sont nombreux à l'avoir clamé, puissent-ils continuer à être entendus !

Quelques exemples :

« Toute méchanceté a sa source dans la faiblesse. »
Sénèque

« La violence et la force ne construisent jamais. »
Jean Giono

« Le courage, ce n'est pas de laisser aux mains
de la force la solution des conflits
que la raison peut résoudre. »
Jean Jaurès

« La non-violence est la plus grande force
que l'humanité ait à sa portée. Elle est plus puissante
que l'arme la plus destructive inventée
par l'ingéniosité de l'homme. »
Gandhi

« La compassion et la tolérance ne sont pas
du tout des signes de faiblesse. Mais de force. »
Tenzin Gyatso (14e dalaï-lama)

L'écrivain Isaac Asimov, considérant que « la violence est le dernier refuge de l'incompétence » faisait écho à Martin Luther King, lors de son discours pour le prix Nobel de la paix en 1964 : « Civilisation et violence sont des concepts antithétiques ».

EXERCICE

Trouvez votre propre maxime sur la force de la douceur ou de la bienveillance !

Si chacun, à sa propre mesure, cherche à croître vers davantage de lumière, la Terre peut finalement tendre vers le paradis qu'elle a la possibilité d'être. Ne portons pas toute la souffrance de l'univers. Qui le pourrait ? Cela ne serait pas utile, transformerait notre vision du monde en un dolorisme désespéré et risquerait de n'être guère opérant. Mieux vaut être inspirant. Les gens que l'on a envie de suivre sont ceux dont émane la puissance d'une joie intérieure, faite d'amour et de bienveillance et dont la présence éclaire le chemin. Mère Teresa précisait : « Insistons sur le développement de l'amour, la gentillesse, la compréhension, la paix. Le reste nous sera offert. »

La bienveillance est comme un arbre qui, même vieillissant, offre saison après saison des fruits toujours nouveaux et savoureux.

4. Par quelles actions, dans la société civile, le jaïnisme se vit-il aujourd'hui ?

Nombre de professions étant interdites aux adeptes du jaïnisme, ils sont majoritairement des hommes d'affaires, de loi ou de pouvoir et disposent de revenus généralement importants. On en compte également dans l'industrie, la culture, la joaillerie et la médecine, avec souvent une éducation supérieure à la moyenne indienne. Il existe évidemment des jaïns de condition plus modeste, mais beaucoup entretiennent de longue date des rapports étroits avec le pouvoir et leur contribution à la construction de l'Inde depuis son indépendance est significative.

Au regard de la population globale de l'Inde, les jaïns sont surreprésentés dans les hautes sphères du monde politique, économique, financier et commercial. Pour respecter le « Quintuple Vœu » et précisément l'abstention de *parigraha* (l'attachement), ils s'imposent une limite à ne pas dépasser pour éviter une accumulation néfaste de richesses et contribuer à une plus grande égalité économique. L'excédent va à des œuvres charitables : création de dispensaires, de crèches, d'écoles, de maisons de retraite, etc., sans oublier les distributions de nourriture et de médicaments aux plus déshérités ainsi qu'aux ascètes. Ils donnent ainsi vie à un capitalisme à visage humain.

Ceux disposant de logements spacieux les proposent à l'hébergement des sans-domicile ou sans-revenu. Nous avons vu qu'ils participaient activement à l'amélioration de la condition animale et à la sauvegarde des animaux vieux, malades, blessés ou en danger (comme lors d'inondations exceptionnelles).C'est bien l'application concrète de la devise « *Parasparopagraho Jivanam* ».

Fortement organisés dans des institutions caritatives, ils ont un rôle décisif en matière d'éducation et dans diverses initiatives culturelles. À titre d'exemple, l'EENI, une *business school* dispensant une formation en commerce international, comprend dans un de ses masters un module

« Jaïnisme : éthique et affaires (Inde) ». Ou encore Anekant, une fondation en faveur de l'éducation des enfants et des adultes qui insiste sur 3 aspects liés au respect : *ahimsā* (respect de la vie de l'autre), *anekantvad* (respect des opinions de l'autre) et *aparigraha* (respect de l'environnement).

Certaines écoles apprennent à attribuer une notion de « juste » quant à la valeur des biens matériels et la quantité à posséder ; elles mettent en garde contre la convoitise, la jalousie, la vanité et le risque de perdre son âme en s'y attachant inconsidérément. Une telle éthique à l'époque actuelle n'est pas tout à fait inutile !

Toutes ces initiatives se conjuguent ; elles ne peuvent résoudre l'ensemble des difficultés mais contribuent à en amoindrir beaucoup. Les jaïns y participent, considérant que les causes sociales et humanitaires sont importantes et que les entreprises en ce sens méritent d'être soutenues. En agissant concrètement pour le bien de chacun, ils œuvrent pour la purification de leur âme.

5. Que pouvons-nous faire de ces principes dans nos sociétés occidentales ?

L'existence menée ici-bas oppose l'esprit et la matière. Tant que le premier est soumis à la seconde, nous sommes condamnés au *samsara*. La libération s'obtient en visant la perfection, concrétisée par la victoire du Soi spirituel. Chacun est donc libre de tendre vers cet absolu ou bien de demeurer en deçà, ce qui l'amènera à revivre autant de fois qu'il ne modifiera en rien son attitude. C'est pourquoi le code de conduite du jaïnisme tend à essayer de devenir de plus en plus pur pour se débarrasser de son *karma*.

Il est alors apparu intéressant de voir comment des enseignements si lointains peuvent se vivre dans nos sociétés occidentales actuelles. L'objectif des propos suivants n'est pas de convaincre qui que ce soit ou d'infliger une leçon de morale. Il est juste de voir ce que nous pouvons « retirer » du jaïnisme, non pour devenir jaïn ou irréprochable, mais pour fluidifier nos relations avec tout ce qui nous entoure et essayer, chacun à notre mesure, comme un « colibri », de rendre notre monde un tout petit peu plus agréable à vivre.

Pour cela, l'idée, bien qu'imparfaite et incomplète, est de reprendre les 5 vœux principaux et de regarder comment nous pouvons les décliner.

À RETENIR

La première étape consiste à prendre conscience de nos manières d'être, de penser, d'agir et de parler. « La conscience est la lumière de l'intelligence pour distinguer le bien du mal », disait Sénèque. Ensuite, on peut modifier ce qui doit l'être pour approcher au plus près notre idéal de non-violence.

L'idée sous-jacente est que, prenant conscience de nos manières de penser, d'agir et de parler, il est plus facile de modifier ce qui peut l'être. Tant que l'on n'a aucune conscience d'une insuffisance quelconque, nous ne faisons rien pour la corriger et c'est normal. En revanche, en sachant qu'une autre voie peut se dessiner, on peut incurver le chemin que l'on emprunte. Mon ambition est simplement, grâce aux principes du jaïnisme et en toute humilité, d'aider le lecteur à se poser quelques questions simples et de distiller quelques petites lumières que chacun est libre d'accepter, de refuser ou de modifier.

Rappelons que le « Quintuple Vœu », c'est s'abstenir de violence, de mensonge, de vol, de manque de chasteté et d'attachement. Reprenons chaque vœu successivement.

– Abstention de la violence vis-à-vis des autres humains

Ahimsā, c'est ne pas nuire à qui que ce soit. Hors les situations les plus criantes de violence (meurtre, torture, viol, manipulation perverse, etc.), la non-nuisance la plus banale se retrouve dans nos paroles. Le 1er accord toltèque, « Que ta parole soit impeccable », déjà cité, en est une bonne illustration. Combien de conflits naissent parce que l'on a dit « Tu as tort » au lieu de « Je ne comprends pas, explique moi ». Combien de blessures naissent d'un manque d'écoute, d'un manque d'attention et d'une parole qui blesse. Par exemple, ne pas savoir ou vouloir écouter quelqu'un qui souffre ou confondre l'humour (rire ensemble de quelque chose) avec la moquerie (rire aux dépens de quelqu'un) ; oublier les règles les plus basiques de la politesse – « bonjour », « s'il vous plaît » et « merci », trois mots simples qui peuvent heurter quand ils sont omis. Tout cela est tellement « basique » qu'on l'oublie parfois !

Il faut aussi veiller à sa manière de s'exprimer, à son intonation : sans prendre une voix mielleuse, on n'a pas non plus à aboyer. La meilleure façon de savoir si l'on s'exprime avec la bienveillance nécessaire est de se demander : « Aimerais-je que l'on me parle ainsi ? » Si la réponse est négative, pourquoi alors faire subir cela à d'autres personnes ?

La non-nuisance s'exprime également dans les gestes. Songeons à toutes les « banalités » du quotidien : tenir la porte à quelqu'un, aider une personne à traverser une rue ou lui porter ses bagages si elle est en difficulté, offrir son siège dans les transports en commun à plus âgé ou plus souffrant que soi, ne pas faire hurler une musique dérangeant les autres, stopper son véhicule pour qu'une personne traverse une rue, prendre le temps d'indiquer son chemin à un touriste égaré, etc. Ce sont des gestes de civilité ou de courtoisie tout à fait élémentaires, parfois oubliés.

Ces situations ont un point commun : elles sont « banales », nous les rencontrons plusieurs fois par jour, tous les jours, et le manque de respect pour les autres qu'elles entrainent gâchent l'harmonie sociale, à une époque où l'on ne cesse d'évoquer le « vivre-ensemble[16] ». En un mot, elles nuisent à l'autre.

EXERCICE

Décidez d'adresser le plus souvent possible un sourire et/ou un compliment sympathique à une personne : votre conjoint, un collègue, un vendeur dans un magasin, un inconnu dans la rue…Notez ensuite la réaction de la personne en question et votre propre ressenti. Pouvez-vous le faire une fois par semaine ? Une fois par jour ?

Dans notre vie professionnelle, *ahimsā* consiste autant à s'adresser respectueusement à d'autres, même en cas de désaccord, même quand il s'agit d'un « inférieur » hiérarchique, qu'à ne pas chercher à nuire par une brimade, le non-respect d'un contrat, un abus de sa position dominante, etc.

Nous avons vu que la plus condamnable des violences est celle qui est intentionnelle. Nous avons vu également que cette violence affecte nos activités physiques (actes entraînant souffrances ou mort), verbales (toutes les paroles irrespectueuses et celles qui blessent) et mentales (toutes les pensées négatives envers autrui).

Si nous pouvons maîtriser les deux premières violences (physique et verbale), il est évident que la troisième est bien plus difficile à canaliser. Soyons pragmatiques : si nous parvenons à ne pas avoir de « ruminations » négatives envers quelqu'un, parfait !Si cela arrive (et cela arrive !), tâchons qu'elles soient modérées et cultivons par exemple le réflexe de faire autre chose pour diriger ailleurs notre pensée et la focaliser sur un autre objectif : il ne sert à rien de faire tourner en boucle nos pensées jalouses, hargneuses, haineuses, etc.

En vouloir à quelqu'un sous l'emprise de la colère, cela est humain, mais il ne sert à rien – et pour personne – de se complaire indéfiniment dans la rancune ; cette dernière n'a jamais apporté quoi que ce soit de positif à quiconque. Et dans tous les cas, il vaut mieux faire tout son possible pour ne pas la traduire en paroles et en actes.

LE PETIT +

Une sage parole du Dalaï Lama qui définit une véritable éthique de vie : « Si aider les autres vous paraît trop difficile, essayez au moins de ne pas leur nuire. » On voit que les dimensions active et passive d'*ahimsā* peuvent s'exercer ensemble ou séparément.

Les personnes réellement heureuses ne sont pas agressives. Beaucoup d'ouvrages et de techniques apprennent à canaliser la colère et à transformer la tristesse ; il est utile de s'y référer pour respecter au mieux son idéal de non-violence. « L'amour, c'est comme une fleur. Laissez-lui le temps et il grandira », disait joliment John Lennon.

– *Abstention de la violence vis-à-vis des « non-humains »*

Ahimsā vise également les plantes et les animaux. À quoi sert-il d'esquinter ou de détruire des sols ou un milieu naturel quand on peut faire autrement ? Confondre un coin de nature avec une poubelle, cueillir des fleurs sauvages ou faire du moto-cross en pleine forêt, voilà des exemples de situations où la non-violence n'est pas respectée. Il s'agit juste d'égoïsme : faire prévaloir son plaisir personnel et momentané sans tenir compte des désirs et besoins de ce qui nous environne.

EXERCICE

On est d'autant plus sensible à ce qui nous environne que l'on prend le temps de l'observer.

Allez vous promener seul en pleine nature (forêt, montagne, bord de mer...) puis asseyez-vous et fermez les yeux : nommez chaque son que vous entendez, chaque odeur que vous sentez. Répétez le même « exercice » en compagnie d'une personne que vous appréciez puis comparez les sons et les senteurs que chacun d'entre vous a identifiés.

Dénoncer ou s'indigner est une chose. Mais ensuite ? Prenons alors *ahimsā* dans sa dimension active. Ainsi, s'affliger de la destruction de forêts en Amazonie ou ailleurs ne suffit pas. En revanche, rien n'empêche chacun de planter un arbre – juste un seul dans sa vie, dans son jardin ou en pleine nature. Seulement ça. Imaginons que chacun le fasse : ce sont 7 milliards au moins d'arbres nouveaux !Certains le font, et ce n'est pas là un acte impossible ni difficile. Il existe même des sites pour faire des « plantations en ligne » !Dans sa nouvelle *L'Homme qui plantait des arbres*, Jean Giono montrait comment transformer un paysage désolé en une terre pleine de vie.

De même, les souffrances régulièrement infligées aux animaux sont innombrables. Les coups donnés à un chien, la surcharge d'un animal de trait, une corrida ou arracher les ailes à d'une mouche, tout cela relève de la même démarche. A chaque fois, il est utile de s'interroger : que ressentirais-je si j'étais cet animal ?

Pour ce qui est du végétarisme, peu importe le débat sur ses avantages ou inconvénients. Il convient juste de se demander si ce que l'on consomme ne participe pas à l'entretien d'un système que l'on dénonce. Par exemple, une volaille sur un étal n'empêche pas de se demander : quelle a été son existence dans un élevage intensif, empli de cruautés, avant sa mise à mort parfois atroce ? Peut-on cautionner un système qui transforme des existences en souffrances ?

BON À SAVOIR

La première expérience « carnivore » de Gandhi fut un morceau de chèvre. Expérience difficile qu'il relate ainsi : « Chaque fois que je m'assoupissais, il me semblait qu'une chèvre vivante se mettait à gémir en moi et je sursautais, plein de remords. »

Sans faire de la sensiblerie de mauvais goût, considérons simplement qu'il s'agit d'êtres vivants ayant eux aussi le sens de la souffrance et le droit de vivre, comme nous. Bien évidemment, une invasion de cafards, une contamination par des poux ou un moustique dans une chambre donnent des envies d'éradication immédiate. Mais si la souffrance animale se résumait aux cafards, poux et moustiques (et à quelques autres mouches ou limaces), ce serait un bond immense dans le respect harmonieux du vivant !

À RETENIR

Dans beaucoup de situations, il nous est difficile, voire inévitable, de faire du tort à d'autres êtres vivants. En revanche, sitôt que nous pouvons agir autrement, interrogeons-nous : puis-je agir différemment ? Que puis-je faire (ou ne pas faire) pour ne pas nuire ?

Nous causons tous du tort à d'autres êtres vivants et c'est parfois inévitable. L'objectif, dans l'instant où on s'apprête à le faire, est de se demander : suis-je obligé de le faire ? Puis-je agir différemment ? Si j'étais tel ou tel animal, aimerais-je que l'on me fasse cela ? C'est là une manifestation de l'empathie et elle va de pair avec *ahimsā*. Pierre Rabhi le souligne ainsi : « Si l'être humain est vraiment doté d'une conscience, celle-ci doit justement l'amener non à la violence, à l'accaparement, à la destruction mais à la responsabilité à l'égard de la vie. »

Le monde a besoin de bienveillance. Il existe des millions de manières de la manifester et chacun peut trouver les siennes, concrètement, chaque jour et toujours à sa mesure. C'est ainsi que l'on donne corps à cette belle phrase de la *Bhagavad-Gita* : « Heureux est l'homme qui s'endort en se disant qu'il a fait ce qu'il pouvait faire. »

– Abstention de mensonge

Le mensonge est difficile à bannir de nos modes d'expression, car il est multiforme. Certains sont innocents, comme l'enfant, barbouillé de chocolat, jurant qu'il n'en a pas mangé !D'autres sont autrement plus pernicieux, surtout quand l'avantage de celui qui le profère engendre un inconvénient pour celui le prenant pour vérité. Par exemple, proposer un poste prestigieux à quelqu'un pour le faire travailler à outrance sans salaire correspondant, vendre un objet sans révéler ses malfaçons et tous les discours manipulatoires. Le mensonge est également redoutable quand il devient faux témoignage ou déformation de propos, au risque de faire condamner une personne ne méritant pas telle sentence ou tel châtiment.

Un mensonge recouvre tout énoncé inexact mais on pourrait y ajouter, de manière extensive, toute parole malveillante : dénonciation, délation, médisance, moquerie, insulte, etc. Ces paroles-là causent du mal.

Là encore, méfions-nous d'une interprétation trop stricte qui irait à l'encontre de la non-violence. Par exemple, face à un cambrioleur ou à un meurtrier potentiel, que cela concerne ma propre personne ou d'autres, si mon mensonge empêche que soit commis un vol ou un meurtre et permet donc d'éviter une plus grande violence, il n'est alors pas condamnable ; il ne peut être qualifié de « violence » puisqu'il a justement permis qu'elle soit évitée.

Cela rejoint la notion bouddhiste de parole juste (*sammā-vācā*) : celle qui ne blesse pas, n'offense pas. Elle est importante lorsque nous ne sommes pas d'accord avec notre interlocuteur et ne partageons pas le même point de vue. Bouddha avait précisé : « Il ne faut jamais blâmer la croyance des autres, c'est ainsi que l'on ne fait de tort à personne. » Il alla encore plus loin en ajoutant : « Il y a même des circonstances où l'on doit honorer en autrui la croyance qu'on ne partage pas. »

Dans la droite ligne du jaïnisme, la parole juste recouvre aussi l'absence de paroles vaines, surtout accompagnées de calomnies ou de propos diffamants. C'est fréquent dans notre quotidien. Songeons à ce que nous disons parfois de nos collègues dans une entreprise, de nos voisins ou même de certains membres de nos propres familles. Les médias ne sont pas en reste, beaucoup s'assurant un bon audimat dans une mise en scène de points de vue diamétralement opposés pour relayer aussitôt tout esclandre.

Que faire ? La réponse la plus simple est : n'en soyons pas les initiateurs et n'y participons pas. Bien sûr, ce n'est pas facile, tant est souvent « naturelle » notre tendance à médire d'une personne absente. On peut toutefois s'interroger sur le bénéfice que nous retirons à brasser ces émotions négatives. Il est utile, à l'instar de Socrate et avant d'entendre (voire de colporter) une médisance quelconque, de se poser 3 questions : est ce vrai ? Est-ce utile à savoir ? Est-ce bienveillant ? Si les réponses sont négatives ou simplement douteuses, à quoi bon ?

Lorsque nous nous retrouvons ainsi pris dans une discussion disant du mal d'un tiers absent, prenons conscience de ce qui se passe et de ce qui se dit. Sans jouer aux redresseurs de torts, nous pouvons changer de sujet de conversation ou déclarer que ces médisances ne nous intéressent pas. Il est également possible de prendre congé, au besoin en usant d'un petit mensonge pour s'éclipser avec élégance. Certes, il faut s'abstenir de mensonge mais au cas présent, il ne cause de tort à personne, bien au contraire !Il évite de participer, même passivement, à des paroles négatives sur quelqu'un et permet de respecter *ahimsā*.

Certains commentateurs bouddhistes vont très loin, estimant qu'aucune exception au principe d'absence de mensonge n'est acceptable : même celui destiné à ne pas causer de souffrance est considéré comme négatif. De mon point de vue (ce n'est que le mien), cette position est trop absolutiste ; bien souvent, elle ne peut être respectée et risque de devenir négative. Dans les exemples ci-dessus, un mensonge isolé destiné à ne pas accroître quelque chose de négatif ne peut quand même pas être considéré comme négatif !

BON À SAVOIR

Absence de mensonge et parole juste incluent aussi ce que nous écrivons. Demeurons toujours attentifs, dans nos écrits, à ne pas être dans le jugement négatif, la condamnation, la dépréciation ou l'insulte.

Absence de mensonge et parole juste incluent aussi ce que nous écrivons et à l'heure où Internet permet de communiquer avec tout le monde sur tous les sujets possibles, demeurons toujours attentifs, même en cas de désaccord, à ne pas être dans le jugement négatif, la condamnation, la dépréciation ou l'insulte.

En injuriant quelqu'un, nous nous intoxiquons nous-mêmes. La non-violence, c'est dire du bien d'autrui, ou, si on ne le peut pas, s'abstenir d'en dire du mal. C'est donc privilégier des paroles enrichissantes ou, selon les cas, le silence. C'est une manière d'apporter sa contribution à la construction de la bienveillance.

– *Abstention de vol*

L'abstention de vol, c'est, en positif, la pratique de l'honnêteté. Il est même considéré que garder pour soi une chose dont on n'a absolument pas besoin, c'est priver son prochain de la possibilité de l'utiliser, ce qui s'apparente à du vol. Ce point est délicat à respecter car, vivant dans une société de consommation et encouragés par elle, nous sommes nombreux à acquérir des biens non fondamentalement utiles ou nécessaires (et qui régulièrement, d'ailleurs, nous laissent assez insatisfaits !). Mais nous pouvons nous libérer du besoin parfois presque obsessionnel de posséder (c'est souvent le besoin de combler un manque).

À RETENIR

L'abstention de vol, c'est autant la pratique de l'honnêteté que l'abstention de convoitise.

Asteya recouvre aussi l'abstention de convoitise, de cupidité et de jalousie. La convoitise, c'est désirer avidement ce qu'un autre possède. La jalousie, c'est un désir de possession que nous sommes impuissants à satisfaire. Convoitise et jalousie ne représentent pas un vol en elles-mêmes mais sont considérées comme l'antichambre du vol. Le monde professionnel constitue hélas un bon terreau pour leur développement. Gandhi allait loin : « Désirer mentalement quelque chose appartenant à autrui, ou regarder cette chose avec convoitise, est aussi un vol. » Jésus lui-même condamnait la convoitise : « Gardez-vous avec soin de toute cupidité car la vie d'un homme ne dépend pas de ses biens, fût-il dans l'abondance » (Lc 12:15).

En modernisant le propos, considérerons aussi comme vol certaines infractions réprimées par le Code pénal, comme l'escroquerie : employer des manœuvres frauduleuses (faux nom, fausse qualité ou abus d'une qualité vraie...) pour tromper quelqu'un et l'amener, à son préjudice, à remettre des fonds ou un bien quelconque ou à fournir un service. Il y a aussi tout agissement malhonnête ou manipulation pour faire souscrire à quelqu'un un engagement qu'il n'aurait pas pris autrement (le « dol » du Code civil). Plus généralement, incluons tous types de fraudes cumulant simultanément mensonge et vol. Rien de tel pour accumuler du mauvais *karma* !

Sur un autre plan – mais c'est tout aussi important –, considérons que le vol vise également l'énergie des autres. Quand on « joue » au petit chef, chez soi ou au travail, ou quand on se complaît dans un rôle de victime, on prend à l'autre son énergie, et, comme on ne la lui rend pas, c'est effectivement de « vol ». Au-delà de son aspect moral, ce vœu conduit à une éthique relationnelle.

LE PETIT +

N'oublions pas que le vol concerne aussi l'énergie des autres. Quand on se comporte de manière toxique et que l'on ne respecte pas une éthique relationnelle, on vole l'énergie des autres.

Enfin, il y a le vol des idées d'autrui : faire croire qu'une idée vient de soi pour l'exploiter, alors qu'on sait qu'elle a d'abord été pensée par quelqu'un d'autre.

L'abstention de vol, c'est donc bien la pratique de l'honnêteté.

– L'abstention de manque de pureté ou de chasteté

Qu'est-ce que la chasteté, concept qui paraît aujourd'hui presque désuet ? La notion varie selon les époques et les cultures. C'est s'abstenir de toutes pratiques sexuelles considérées comme immorales et, de manière générale, faire preuve de retenue dans les plaisirs sexuels, voire faire acte d'abstinence, notamment avant le mariage (ou hors mariage) du fait d'interdits religieux.

Par exemple, les religions abrahamiques s'accordent sur le fait que les actes de nature sexuelle sont réservés au mariage avec une personne de sexe opposé. Du mariage découlent donc deux obligations : la fidélité (toute relation intime avec quiconque devient interdite) et la procréation (certaines pratiques ne la permettant pas sont proscrites). Dans l'hindouisme, l'abstinence est prônée pour une raison différente : l'énergie dépensée dans une activité sexuelle peut être une entrave à notre propre développement en ce qu'elle nous détourne d'une activité spirituelle.

Dans l'esprit du jaïnisme, et pour prendre en compte les modes de pensée et de fonctionnement de nos sociétés dites « modernes », on est tenté de dire : à chacun de se forger sa propre morale selon ses convictions personnelles. Toutefois, il existe des interdits formels dès lors qu'il y a violence et que la non-nuisance essentielle d'*ahimsā* n'est pas respectée.

On retrouve là nécessairement le viol et tout ce qui est vu comme « déviant » : pédophilie, inceste, zoophilie, etc. mais également toutes contraintes et toutes formes d'agressions sexuelles, comme les attouchements, effectués ou subis sous la menace. De même pour le harcèlement ou le chantage, voire ce que l'on dénomme dans le monde des affaires et de la politique la« promotion canapé » : un avantage (promotion, embauche, etc.) obtenu en contrepartie de relations sexuelles. Enfin, le fait de provoquer ou de choquer une personne dans sa pudeur ou ses croyances (l'exhibitionnisme par exemple) est également fautif, car constitutif d'une violence.

La chasteté est donc à considérer au regard du respect de la non-violence plus qu'au regard de principes moraux fluctuants. Ainsi, l'infidélité est doublement fautive : manque de chasteté plus mensonge – tromperie du conjoint... et parfois de l'amant(e).

Notons au passage que la Déclaration jaïn sur la nature de 1992 disait : « En prenant les vœux de base, les laïcs jaïns doivent s'efforcer de vivre une vie de modération et de retenue et de pratiquer des mesures d'abstinence et d'austérité. Ils ne doivent pas procréer sans discernement de peur qu'ils ne surchargent l'univers et épuisent ses ressources. » Cette demande de chasteté n'est plus seulement une question de moralité mais également une participation à l'harmonie écologique globale.

– *L'abstention d'attachement*

Ce qui est visé, c'est la non-possession excessive (ou la non-accumulation) de biens matériels divers. C'est également le non-attachement à ces biens, principe érigé comme vertu cardinale dans le bouddhisme. De même, l'éthique stoïcienne nous invite à une prise de distance, et, sous des angles légèrement différents, le christianisme et l'hindouisme demandent pareillement de ne pas accorder aux choses terrestres une valeur exagérée.

À LA LOUPE

En attachant une importance exagérée à des biens matériels, on se crée un besoin nouveau dont on devient esclave. Le non-attachement demande une mise à distance de ces biens en ne leur accordant pas d'autre importance que celle qui est la leur. Si nous y réfléchissons, celle-ci n'est finalement rien d'autre que celle que nous décidons de leur conférer…

Le jaïnisme y apporte une couleur particulière : il vise indirectement l'égalité économique et prescrit donc de se fixer une limite maximale de biens (ou de revenus) à ne pas dépasser. En considération de la responsabilité accordée aux êtres humains, chacun détermine en conscience sa propre limite selon ses besoins (et donc en éliminant tout superflu). Le seul critère est celui de la satisfaction des besoins essentiels de chacun.

Au quotidien, tracer la bonne frontière n'est guère difficile. Chaque fois que l'on désire un objet, il suffit de se demander : en ai-je envie et en ai-je besoin ? L'envie est fréquente car tout dans la présentation est fait pour la susciter, tout est agencé pour la faire naître. Mais en a-t-on réellement besoin ? Force est de reconnaître que la réponse est très souvent négative. Le « phénomène » des soldes en est un exemple frappant.

Il suffit alors, au lieu de se précipiter sur l'objet en question, de s'interroger : suis-je victime de la publicité, ai-je envie de satisfaire un caprice, de briller en société ou de combler un manque affectif ? Ou cela m'est-il utile, nécessaire, indispensable, vital ? Ces deux paramètres (envie et besoin) permettent de respecter au mieux la demande de non-possession excessive.

Cela évite à nos caves et greniers d'être emplis d'objets jamais utilisés et régulièrement (quoique inutilement !) transbordés à chaque déménagement, ou à nos armoires de se remplir de vêtements jamais portés, ou à nos frigidaires de déborder d'aliments qui se périment avant consommation, etc. Dans une formulation différente, un grand sage hindou, Nisargadatta Maharaj, déclarait : « Ce dont vous avez besoin se présentera à vous si vous ne désirez pas ce dont vous n'avez pas besoin. »

Nous retrouvons là les grands principes de ce que l'on appelle aujourd'hui « décroissance », « simplicité volontaire » ou « sobriété heureuse » : non pas un retour à une vie « primitive » mais une réduction volontaire de sa consommation et de ses impacts telle que Henry David Thoreau par exemple a pu la prôner dans ses écrits ou telle que Gandhi, inspiré par Thoreau, a pu la pratiquer ou telle que Pierre Rabhi l'expose[17] et la vit avec son mouvement Colibri.

EXERCICE

Dans quel(s) domaine(s) pouvez-vous diminuer votre consommation sans pour autant vous sentir frustré ?

☐ Habillement ☐ Nourriture ☐ Loisirs/divertissements
☐ Habitation (eau, électricité, chauffage…)
☐ Mobilier/décoration ☐ Transports (voiture, avion…)

Concrètement, qu'allez-vous faire ?
Concrètement, quand allez-vous le faire ?

Le jaïnisme ne condamne nullement le fait de bien gagner sa vie. D'ailleurs, s'il n'y avait plus aucun riche, les pauvres ne seraient pas nécessairement riches. Mais il fixe une norme morale : dépenser le surplus, par rapport à la limite que l'on s'est fixée, en actes charitables dont quatre sont hautement recommandés : don de médicaments, diffusion de son savoir, fourniture de moyens pour sauver la vie des créatures en danger et octroi de nourriture végétarienne à ceux qui ont faim ou qui sont pauvres.

BON À SAVOIR

La Déclaration jaïne de 1992 parle de « ce sentiment d'obligation sociale née des enseignements religieux qui a conduit les jaïns à fonder et entretenir des écoles innombrables, des collèges, des hôpitaux, des cliniques, des maisons d'hébergement, des auberges, des orphelinats, des camps de secours et de réadaptation pour les handicapés, les vieux, les malades et les défavorisés ainsi que des hôpitaux pour animaux ».

Enfin, le non-attachement à des personnes doit viser le « juste milieu » et donc éviter soit le détachement total (ou l'indifférence), soit la dépendance. Ces deux extrêmes aboutissent à des impasses et causent de nombreuses souffrances. En dehors de la sphère personnelle et affective, rappelons-nous que lorsque Moïse descend du mont Sinaï, il condamne durement le Veau d'or comme symbole de l'idolâtrie. Aujourd'hui, le Veau d'or est remplacé par des « idoles » de la chanson ou du sport. Là aussi, gardons-nous de tout excès et visons le juste milieu !

Posséder des biens en surnombre ou être dépendant de personnes peut créer tant d'intérêt pour eux que cela risque de nous détourner des autres êtres, ce qui serait commettre une violence à leur égard. En outre, nous pourrions en devenir des gardiens beaucoup trop vigilants voire arrogants et nous en rendre esclaves. À terme, cela souille l'âme. Or, ce qui souille la pureté de l'âme est constitutif de violence.

6. Ces petites « choses de rien du tout »

En définitive, le commandement le plus essentiel, c'est *ahimsā*. Il l'est tellement que tous les autres vœux lui sont soumis. On peut même en transgresser certains si cela permet de le respecter, à condition que ce soit exceptionnel, justifiable et dans des proportions admissibles.

Cette mise en action d'*ahimsā* est à la portée de chacun, à chaque instant. L'abbé Pierre donnait cette précision fort utile : « Il ne faut pas attendre d'être parfait pour commencer quelque chose de bien. »

Je voudrais livrer une petite anecdote personnelle. Il fut une époque où, vivant ans un quartier chargé d'agressivités, mon premier réflexe fut, comme beaucoup, de me renfermer. Un jour, je me suis dit : « Imaginons que quelqu'un décide de créer le prix du "type le plus sympa du quartier". Que ferais-je si je voulais remporter ce prix ? Quelles actions concrètes ? »

Eh bien, à partir d'une fiction aussi simple, c'est tout un comportement qui a changé peu à peu. C'est incroyable le nombre de petites « choses de rien du tout » que l'on peut faire dans une journée avec ses voisins, avec des commerçants, avec des passants dans la rue, etc., qui simplifient les rapports : non seulement ne pas nuire, mais être en plus être agréable aux autres. Les conséquences en sont grandes. C'est l'application de ce que demandait le stoïcien romain Sénèque : « Agissez envers les autres comme vous aimeriez qu'ils agissent envers vous. »

Au-delà des concepts, la mise en œuvre d'*ahimsā* est finalement aussi simple que ça !Mère Teresa, excellente inspiratrice, déclarait : « Des mots aimables peuvent être courts et faciles à dire mais leur écho est vraiment sans fin. » Et, en écho justement, Thich Nhat Hanh précise : « Écouter avec compassion, c'est écouter avec la volonté de soulager l'autre de sa souffrance, sans le juger ni chercher la dispute. »

La non-violence, véritable cœur du jaïnisme, en éclaire toute la construction, d'où son credo, « *Ahimsā Paramo Dharma* », que nous pouvons appliquer quotidiennement.

7. La Règle d'or

Le jaïnisme s'articule autour de ce que l'on appelle la « Règle d'or » ou « éthique de réciprocité ». Cette règle morale, reprise par quasiment toutes les traditions, religions et cultures, consiste à ne pas faire aux autres ce que l'on ne veut pas qu'ils nous fassent.

Elle ne fait référence à aucun culte ni divinité et tend à s'appliquer universellement, indépendamment de toute croyance ou religion. À la base de toute non-violence, elle est comme un guide pour vivre ensemble en harmonie.

À RETENIR

La Règle d'or est la base de toute non-violence. Elle sert de guide pour vivre ensemble en harmonie, dans le respect de chacun et en toute bienveillance.

Petit panorama d'une dizaine de religions et cultures :

Formulation	Religion	Source
« L'homme devrait cheminer d'une manière indifférente face aux choses terrestres et traiter toutes les créatures de ce monde comme il aimerait être traité lui-même. » « Dans le bonheur et la souffrance, nous devons nous abstenir d'infliger aux autres ce que nous n'aimerions pas nous voir infliger. »	**Jaïnisme**	Sutrakritanga I.11.33 et Mahavira : Yogashastra 2, 20
« Tout ce qui te répugne, ne le fais pas non plus aux autres. »	**Zoroastrisme**	Shayast-na-Shayast 13,29
« Considère que ton voisin gagne ton pain, et que ton voisin perd ce que tu perds. »	**Taoïsme**	Li Ying-Chang (Taishang Ganying Pian)
« Ne faites pas à autrui ce que vous ne voulez pas qu'on vous fasse à vous-même. »	**Confucianisme**	Analectes (Entretiens de Confucius), XV.23

«Ne fais rien aux autres qui, à toi, te ferait du mal.» «L'on devrait toujours traiter les autres comme l'on souhaite être traité soi-même.»	**Hindouisme**	Épopée du Mahâbharata, 5,1517, et Hitopadesha (Le Livre du bon conseil)
«Ne blesse pas les autres d'une manière que tu trouverais toi-même blessante.»	**Bouddhisme**	Udānavarga, 5:18
«Ce qui pour toi est haïssable, ne le fais pas à ton prochain. C'est là toute la loi : le reste n'est que commentaire.» «Tu aimeras ton prochain comme toi-même.»	**Judaïsme**	Le Talmud, Shabbat, 31a et Torah, Lv 19:18
«Tout ce que vous voulez que les autres fassent pour vous, faites-le vous-même pour eux.»	**Christianisme**	Nouveau Testament, Mt 7:12 et Lc 6:31
«Nul d'entre vous ne croit vraiment s'il ne désire pas pour son frère ce qu'il désire pour lui-même.»	**Islam**	Mahomet Hadith 13 de al-Nawawi
«Ne souhaitez pas aux autres ce que vous ne souhaitez pas à vous-mêmes.»	**Bahaïsme**	Baha'ullah, Kitab iq Aqdas, 14

Si cette règle s'applique dans les rapports entre humains, élargissons-la pour en faire un fondement de la non-violence.

Dans un premier temps, il s'agit de remplacer sa formulation passive par une vision active et donc de passer du « Ne fais pas à autrui ce que tu ne voudrais pas qu'il te fasse » à « Fais à autrui ce que tu aimerais qu'il te fasse » (sous-entendu : « ... si tu étais dans la même situation que lui »).

Ensuite, en ne s'arrêtant pas aux mots « autrui », « l'autre », « le prochain », « les hommes », qui donneraient une vision minimaliste réservée à la relation entre individus, alors que l'on peut y inclure une vue plus globale et collective.

L'élargissement se fait ainsi aux animaux de toutes espèces (mammifères, oiseaux, poissons, insectes, etc.) mais aussi aux plantes et également à la planète Terre. Finalement, et dans une vision globale, c'est à tout l'ensemble du monde, vivant et inanimé, que la règle s'applique[18].

EXERCICE

Rédigez votre propre Règle d'or :

....

....

....

....

....

....

....

CITATION

« Si vous n'êtes pas en relation avec les êtres vivants de la Terre, vous risquez de perdre votre rapport à l'humanité, aux êtres humains. »
Jiddu Krishnamurti (1895-1986)

Tout être, quel qu'il soit, a le même désir et le même droit que nous-mêmes à vouloir mener une vie paisible, sans souffrance et sans violence aucune.

PISTES DE RÉFLEXION

Peut-on faire le bien de l'autre malgré lui, contre son gré ? Trouvez-vous que ce soit respectueux de cet autre ou y a-t-il risque d'occulter (ou de mépriser) ses vrais besoins ?

Si vous-même êtes en difficulté (financière, affective, professionnelle, émotionnelle...), qu'attendez-vous d'un autre ?

Appréciez-vous que l'on vous donne de « bons »conseils et que l'on vous dise ce qu'il faut faire, même si vous n'avez rien demandé ? Ou attendez-vous que l'on vous écoute ? Comment vous sentez-vous dans ces situations ?

Qu'évoque pour vous la devise « *Parasparopagraho Jivanam* » (« Tous les êtres dépendent les uns des autres et se doivent respect mutuel et assistance mutuelle ») ?

CONCLUSION

L'admirable prière dite « de saint François d'Assise » débute ainsi : « Seigneur, fais de moi un instrument de ta paix. Là où est la haine, que je mette l'amour. Là où est l'offense, que je mette le pardon. Là où est la discorde, que je mette l'union. Là où est l'erreur, que je mette la vérité. Là où est le doute, que je mette la foi. Là où est le désespoir, que je mette l'espérance. Là où sont les ténèbres, que je mette la lumière. Là où est la tristesse, que je mette la joie. » La force de cette prière, c'est qu'elle ne quémande pas : elle est action. À chaque fois, elle ne dit pas« donne-moi », mais « que je mette ».

La culture de la non-violence demande une prise de conscience : ce que je fais, ce que je dis, ce que je pense, tout cela contribue-t-il ou non à développer la non-violence ? Contribue-t-il ou non à rendre le monde plus paisible et à donner à mon entourage un environnement plus apaisé ? Cela implique ensuite un effort de changement sur soi, sur sa manière d'être, de penser et d'agir. Enfin, cela peut devenir une règle de conduite quotidienne.

Nous avons vu que la non-violence, au travers du concept d'*ahimsā*, se caractérise par l'altruisme, la générosité, le courage, l'ouverture, la tolérance et la maîtrise de soi, tout à l'opposé d'une attitude statique et immobile. Elle a un rôle éminent à jouer pour développer la dynamique positive d'une société et fluidifier nos rapports à tout notre environnement, humain ou pas.

Elle aurait pu être abordée au travers d'autres religions ou philosophies. Le jaïnisme a été choisi car il en fait son « devoir suprême » et l'a étendu à toutes les créatures vivantes. De même que le précepte « Aimez-vous » accomplit tous les autres commandements du christianisme, la non-violence réalise tous les enseignements du jaïnisme, qui peut ainsi être appréhendé comme un manuel d'humanité.

La générosité et la bonté constituent les éléments clés d'une vie humaine. C'est de la responsabilité de chacun d'y contribuer. Et c'est ainsi que le monde peut évoluer. L'écrivain Hermann Hesse donnait cette précision particulièrement juste : « La tendresse est plus forte que la dureté, l'eau est plus forte que le rocher, l'amour est plus fort que la violence. »

Bâtie sur une éthique religieuse, *ahimsā* doit surtout être appréhendée comme une manière d'être, comme une philosophie de vie. Elle nous amène à une non-violence spirituelle, de conviction et de conscience. Cela implique une décision personnelle. Cela peut aussi être, à l'instar de Gandhi, un choix existentiel qui donne sens à sa vie.

« Soyez à vous-mêmes votre propre refuge. Soyez à vous-mêmes votre propre lumière », disait Bouddha.

L'âme de la lumière, c'est la bienveillance.

Être violent, c'est fracasser la lumière.

Être non violent, c'est faire en sorte que la lumière danse autour du monde.

Comme le disait l'écrivaine américaine Edith Wharton : « On peut répandre la lumière de deux façons : être la bougie, ou le miroir qui la reflète. »

Pour terminer, je laisse la parole à Mère Teresa avec un texte dont nous pouvons savourer toute la beauté :
« Ce dont nous avons besoin, c'est d'aimer sans nous épuiser.

« Comment une lampe brûle-t-elle ? Par la consomption perpétuelle d'infimes gouttes d'huile.

« Et que sont ces gouttes d'huile dans nos lampes ? Ce sont les petites choses de la vie quotidienne : la fidélité, un mot de gentillesse, une pensée pour les autres, notre façon de demeurer silencieux, de regarder, de parler et d'agir... »

« Garde ta lampe allumée ! »

Notes

1. Le 1er article du serment d'Hippocrate comporte un dicton auquel se réfèrent les médecins : « *Primum non nocere* » (« D'abord ne pas nuire »).
2. Transmigration de l'âme : après la mort, passage, de l'âme d'un corps dans un autre corps ou dans de nouvelles formes d'existence.
3. Ce point est simplifié car ce concept d'âme est complexe et diffère par exemple dans le bouddhisme zen et le lamaïsme (bouddhisme tibétain).
4. Prénommées Yasoda pour Mahāvīra et Yashodara pour Bouddha – étonnantes similitudes…
5. Vilas Adinath Sangave, *Le Jaïnisme, philosophie et religion de l'Inde*, Guy Trédaniel Éditeur, 1999, p. 64 65.
6. Le *Tattvartha Sutra* (« traité des réalités ») est l'un des premiers textes du jaïnisme ; il en expose les bases philosophiques et doctrinales pour instruire les fidèles et les guider vers la délivrance. Les sutras ci-après mentionnés en sont issus.
7. Don Miguel Ruiz, *Les Quatre Accords toltèques : la voie de la liberté personnelle*, Éditions Jouvence, 2005.
8. Chasteté très rigoureuse puisqu'un ascète ne doit pas parler à une femme ou regarder ses formes, ni même vivre sous le même toit qu'une femme (maison, immeuble ou autre). Plus encore, il doit s'interdire de se rappeler les plaisirs qu'il a connus avant de devenir ascète…
9. Voir Xavier Cornette de Saint Cyr, « Les moyens d'existence justes », p. 123 et suiv. in *Petit traité de sagesse bouddhiste à l'usage des Occidentaux*, Éditions Jouvence, 2011.
10. « Il (Jésus) trouva installés dans le Temple les marchands de bœufs, de brebis et de colombes, et les changeurs. Il fit un fouet avec des cordes, et les chassa tous du Temple ainsi que leurs brebis et leurs bœufs ; il jeta par terre la monnaie des changeurs, renversa leurs comptoirs et dit aux marchands de colombes : Enlevez cela d'ici. Ne faites pas de la maison de mon Père une maison de trafic » (Jn 2:14,16).

11. Globalement, le végétarisme définit une alimentation excluant viandes, volailles, poissons et fruits de mer. Le végétalisme exclut en plus miel, œufs, lait et produits laitiers et ne comporte que des aliments provenant du règne végétal.

12. Pour avoir un bon aperçu de la condition animale en Inde, voir l'ouvrage de Florence Burgat « *Ahimsā* » : *violence et non-violence envers les animaux en Inde*, Maison des sciences de l'homme, 2014.

13. Matthieu Ricard - *Plaidoyer pour les animaux* (Allary, 2014)

14. Le nutritionniste Julien Venesson, dans un article, « L'homme est-il végétarien par nature ? », paru sur le site Santé Nature Innovation, notait : « Je ne pense pas que tous les omnivores soient des brutes sans cœur. (...) Qui peut donc cautionner ce système qui ne respecte pas la vie et qui met ensuite à notre disposition des viandes toxiques ? Quel que soit notre régime alimentaire, cela devrait nous révolter. »

15. Voir Pierre Rabhi, La Part du colibri : l'espèce humaine face à son devenir, Éditions de l'Aube, 2011.

16. Il existe sur cette thématique un livre excellent, *Petit éloge de la gentillesse*, d'Emmanuel Jaffelin, J'ai lu, 2015.

17. Voir par exemple Pierre Rabhi, *Vers la sobriété heureuse*, Actes Sud, 2013. Ce petit livre a l'immense mérite d'éveiller des consciences.

18. Jean Giono, dans un délicieux récit intitulé *La Pierre*, évoque avec humour et poésie la vie secrète du monde minéral.

19. Certaines interprétations situent en haut à gauche le monde des animaux – qui comprend l'homme, ainsi intégré au règne animal –, le monde représenté en bas à gauche ne concernant que les plantes.

ANNEXE

Le jaïnisme en résumé

Une religion

Le jaïnisme est une religion non théiste, antérieure au bouddhisme et à l'hindouisme, et apparue en Inde au xe siècle avant notre ère.

Il considère que nous sommes seuls responsables de notre devenir. Notre salut dépend entièrement et uniquement de nous, de nos efforts personnels dans l'accomplissement du bien et non d'une divinité quelconque.

Mahāvīra, le grand maître réformateur

Le jaïnisme a été codifié dans sa forme actuelle par Mahāvīra (contemporain de Bouddha) au vie siècle avant notre ère. Il reçut le titre de « Grand Héros »du fait de son courage et de son sang-froid dans l'endurance de règles de pénitence extrêmes.

Mahāvīra est le 24e et dernier *tirthankara.*

Tirthankara : maître jaïn ayant atteint la connaissance suprême. Il devient un guide, un « passeur de gué » (*tirtha*), pour accompagner les humains dans la traversée de l'existence.

Un guide de vie

Le jaïnisme est un guide pour que chacun puisse vivre une vie en totale harmonie avec tout ce qui l'entoure et libère son âme. L'âme libérée retrouve sa perfection initiale et atteint la paix éternelle et absolue.
Ce qui englobe le tout : le respect absolu du vivant.

Le jaïnisme en un mot

Le credo du jaïnisme tient en un mot : *ahimsā*.

- signifie la non-violence, le respect de toute vie, le fait de ne nuire à aucun être vivant ;
- comprend une dimension passive (ne nuire à personne) et une dimension active (participer au bien-être de tous) ;
- ne peut pas être appliquée de manière sélective : elle doit l'être tout le temps, dans tous les cas, avec tout être vivant.

Le jaïnisme en 2 devises

Le jaïnisme repose sur deux devises essentielles :

«Ahimsā Paramo Dharma» : « La non-violence est le devoir suprême », ou« Le respect de la vie est l'exigence ultime ».

«Parasparopagraho Jivanam» : « Toutes les vies (tous les êtres vivants) dépendent les uns des autres et se doivent donc mutuels respect et assistance. »

Le jaïnisme en 3 phrases

- interrelations permanentes entre tous les êtres ;
- respect mutuel et assistance mutuelle entre tous les êtres ;
- non-violence à l'égard de tout être vivant.

Le jaïnisme en une citation

«L'homme devrait cheminer
d'une manière indifférente face aux choses terrestres et
traiter toutes les créatures de ce monde
comme il aimerait être traité lui-même.»

(Sutrakritanga I.11.33, vers 500 av. J. C.)

Les principes de base du jaïnisme

Les « Trois Joyaux » (la « Triple Voie »)	1. Vision juste : être convaincu que les principes fondamentaux du jaïnisme sont justes pour ôter nos doutes et peurs. 2. Connaissance juste : comprendre la nature des choses telle qu'elle est exactement. 3. Conduite juste : vivre et agir en harmonie avec les deux autres voies en pratiquant *ahimsā.*
Le « Quintuple Vœu »	Fondement du code moral. Consiste à s'abstenir : 1. de violence (*ahimsā*) ; 2. de mensonge (asatya) ; 3. de vol (*asteya*) ; 4. de manque de chasteté (*abrahma*) ; 5. et d'attachement (*aparigraha*).
Quatre vertus	À la base du « Quintuple Vœu », ces vertus sont à méditer et à pratiquer : 1. *maitrî* : bienveillance pour tous les êtres vivants. Chaque être, chaque organisme mérite la même attention ; 2. *pramoda* : joie que certains soient spirituellement plus avancés ; 3. *kârunya* (ou *daya*) : compassion pour ceux qui souffrent et action pour résoudre leurs souffrances et contribuer à leur bonheur ; 4. *mâdhyasthya* : tolérance ou indifférence à l'égard de ceux qui sont discourtois ou se conduisent mal.

Quatre catégories de violences	1. Violence accidentelle : celle que l'on ne peut éviter, que l'on ne peut pas s'empêcher de commettre. 2. Violence professionnelle : celle que l'on commet dans l'exercice d'une profession. 3. Violence défensive ou protectrice : celle que l'on ne peut pas éviter de commettre afin de défendre son intégrité ou celle d'une personne ou d'un groupe de personnes contre une (ou d'autres) personne(s) ou des animaux. 4. Violence intentionnelle : celle que l'on commet en conscience, à dessein, en toute connaissance du mal qu'elle va infliger.
La trilogie de la violence	Nous pouvons commettre de la violence avec : 1. notre pensée : activités mentales (toutes activités de l'esprit ou pensées négatives envers autrui) ; 2. notre parole : ce que nous disons (injures, médisances, moqueries, colères, querelles, dénigrement, paroles irrespectueuses ou blessantes…) ; 3. notre corps : ce que nous faisons, nos comportements et actions physiques (actes entraînant souffrances ou mort, coups, blessures, viol, mauvais traitements, torture, manque de soins…). La violence est condamnable lorsque : • nous la commettons directement ; • nous incitons d'autres à la commettre ; • nous ne l'empêchons pas alors que c'est en notre pouvoir, ou nous lui donnons notre approbation silencieuse.

La richesse symbolique du svastika

Le *svastika* compte parmi les symboles les plus anciens de l'humanité, puisqu'il apparaît pour la première fois à l'époque néolithique. La plupart des civilisations du monde l'ont adopté, bien qu'elles lui aient parfois conféré des significations différentes.

Même s'il a été dramatiquement récupéré et détourné par le régime nazi, il est actuellement et notamment utilisé en Inde, surtout par les jaïnistes, qui le considèrent comme un symbole particulièrement favorable et lui confèrent un rôle plus important encore que l'hindouisme.

C'est un terme sanskrit composé de *su* («bien», «bon») et d'*asti* («il est»). La traduction de *svastika* peut donc être «ce qui porte chance», «ce qui donne une bonne existence», «ce qui conduit au bien-être».

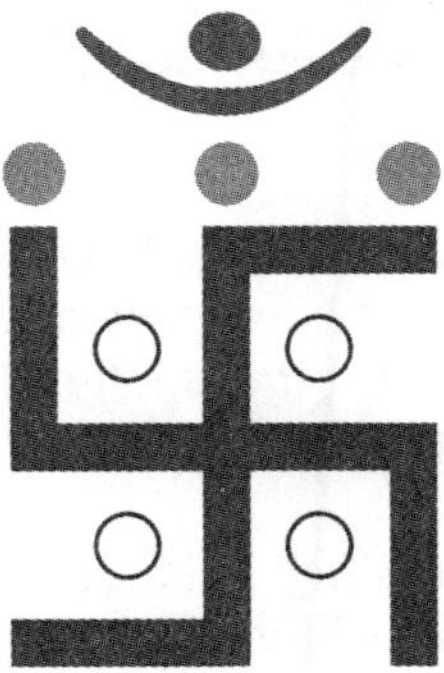

Pour le jaïnisme, le *svastika* symbolise l'Harmonie cosmique. Voici ce qu'il représente :

Les 4 points à l'intérieur des 4 branches symbolisent les 4 mondes, c'est-à-dire l'une des 4 destinées dans lesquelles nous pouvons renaître du fait des cycles de la naissance et de la mort : l'être humain (en haut à gauche), l'être divin ou céleste (en haut à droite), l'animal et le végétal (en bas à gauche) et l'être démoniaque ou infernal (en bas à droite)[19].

On constate que dans 3 des mondes, les parties évidées du *svastika* ne sont pas tournées vers le haut et que, donc, seul le monde des hommes est ouvert à la délivrance. Cela implique qu'il faut se réincarner en homme pour y parvenir. Notre but, en effet, doit être de parvenir à la libération et non de renaître.

On constate ensuite que ce sont les « Trois Joyaux » (la « Triple Voie », constituée de la Vision juste, de la Connaissance juste et de la Conduite juste) qui permettent, ensemble, d'accéder à la libération du cycle des réincarnations. Ils sont symbolisés par les 3 points au-dessus du *svastika*.

Au sommet, on trouve un petit arc incurvé qui représente la demeure des *siddha* (ceux dont les âmes débarrassées de tout karma ont atteint la libération) d'où son nom de *siddhashila*, le lieu de paix absolue dans lequel séjournent les âmes définitivement libérées. Le point tout en haut représente un *siddha*.

Pour que l'âme trouve cette paix, elle doit être libérée du cycle des réincarnations dans les 4 mondes grâce à la pratique de la non-violence. En d'autres termes, elle se doit de détruire tous les *karma* qui sont attachés à elle.

Ce n'est nullement une mission impossible, le jaïnisme considérant que tout être vivant a la possibilité d'obtenir le salut, la libération. *Ahimsā* en est la voie.

Prière jaïne

Chaque matin, au lever, et avant toute cérémonie, les jaïns récitent « Namaskâr Mantra », prière d'une grande importance :

> « Je salue les *arhat*
> Je salue les *siddha*
> Je salue les *âcharya*
> Je salue les *upâdhyâya*
> Je salue les *sâdhu* dans le monde
>
> Cette quintuple salutation efface tous les péchés. De toutes les choses favorables, c'est vraiment la plus favorable. »

Arhat : les *jina*, c'est-à-dire ceux qui sont arrivés à la connaissance suprême.

Siddha : ceux dont les âmes se sont détachées de toutes particules karmiques et ont atteint la libération.

Âcharya : les chefs de communauté, les chefs religieux, les maîtres spirituels.

Upâdhyâya : les professeurs-précepteurs, les ascètes qui sont chargés de l'instruction et partagent leur savoir (c'est un titre honorifique venant juste après celui d'*acharya*).

Sâdhu : les ascètes (moines et nonnes) voulant se libérer des liens du *karma*.

Quittons-nous avec un conte…

Il existe une très belle phrase d'Alexandra David-Néel que j'ai adoptée comme devise : « Tout est vain, sauf la bonté. » Exigeante, tout aussi profonde qu'aérienne, cette phrase résume une vision de la vie, une manière de mener son existence.

En effet, chacune de nos actions, aussi infime soit-elle, peut devenir une ambassadrice du bien et de la non-violence, car ainsi que nous l'avons vu dans cet ouvrage chacun est responsable de tous, chacun peut contribuer au changement que nous souhaitons. Si on ne peut pas tout faire, ce n'est pas là une raison pour ne rien faire. Il suffit parfois de très peu, et ce très peu a une immense importance.

Pour l'illustrer, voici un bien joli conte de la sagesse nordique en harmonie avec la philosophie des jaïns, tel que me l'a raconté mon ami au grand cœur Malek Boukerchi (www.arsynoe.com). Il s'intitule :

« Le poids de rien »

Une mésange interroge une colombe : « Sais-tu ce que pèse un flocon de neige ? »

« Rien d'autre que rien… » répond la colombe.

Alors, la mésange raconte un souvenir : « Un jour, j'étais perché sur la branche d'un sapin lorsque la neige s'est mise à tomber, à tomber. Ce n'était pas une tempête, oh non, mais une chute progressive, lente et majestueuse. Les flocons se posaient sur ma branche : on aurait dit un rêve blanc.

«Je me suis amusée à les compter ! Il en est tombé 3 751 952. Au moment où le 3 751 953e s'est posé, rien d'autre que rien, comme tu dis, la branche a cassé…»

Sur ce, la mésange s'envole. Restée seule, la colombe, bien perplexe, se met à réfléchir. Depuis la nuit des temps, elle ne pense qu'à la paix, la paix dont elle est devenue le symbole… Hochant la tête, elle se dit alors : «Il ne manque peut-être qu'une personne pour que tout bascule et que le monde vive en paix…»

Et si cette personne, c'était vous ?

Petit glossaire

Brahmanes : Membre d'une des quatre castes en Inde regroupant notamment les prêtres, les sacrificateurs, les professeurs et les hommes de loi.

Jina : « Vainqueur spirituel ». Personne devenue maîtresse d'elle-même, c'est-à-dire ayant vaincu toutes ses passions négatives. Chacun peut devenir un jina.

Karma : Dans la conception du jaïnisme, le karma est constitué de particules de matières infimes. Nature matérielle de l'univers, c'est aussi une force qui affecte l'âme. Celle-ci est vouée à la perfection mais en est empêchée par le mauvais karma résultant de nos actions négatives en pensées, en paroles et en actes. L'essentiel est d'œuvrer pour que la perfection revienne.

Siddha : Personnes dont les âmes se sont détachées de toutes particules karmiques et ont atteint la libération.

Tirthankara : Maître jaïn ayant atteint la connaissance suprême. C'est celui qui, connaissant le bon chemin, devient un guide, un « passeur de gué » (tirtha), pour accompagner les humains dans la traversée de l'existence.

Transmigration de l'âme :
Désigne, après la mort, le passage de l'âme d'un corps dans un autre corps ou dans de nouvelles formes d'existence

À propos de l'auteur :

Xavier Cornette de Saint Cyr : coach, formateur et écrivain, formé au coaching professionnel et à différentes approches en psychothérapie, philosophie et développement personnel, il accompagne toute personne en quête d'épanouissement et de mieux-être. Ses spécialisations : talents, confiance en soi, communication constructive, gestion des conflits relationnels et recherche de sens.

Site : **http://xavierdesaintcyr.com**

Vous aimerez aussi
dans la collection Psycho-concept
aux Éditions Jouvence :

Transfert & Contre-transfert
La relation patient/thérapeute
Serge Tracy

Ce livre thérapeutique passionnant présente de façon claire et vivante les concepts de transfert et contre-transfert, afin de réparer les conflits intérieurs.

128 pages • 6,90 €

Dépôt légal : mai 2016
Achevé d'imprimer en avril 2016 par Flex
Imprimé en Bulgarie